AF125827

Bohl

Wissenschaftliches Arbeiten im Studium der Erziehungs- und Bildungswissenschaften

Die Reihe »Bildungswissen Lehramt«
wird herausgegeben von Eiko Jürgens

Band 17

Thorsten Bohl

Wissenschaftliches Arbeiten im Studium der Erziehungs- und Bildungswissenschaften

Arbeitsprozesse, Referate, Hausarbeiten, mündliche Prüfungen und mehr ...

4. Auflage

BELTZ

Prof. *Dr. Thorsten Bohl*, Jg. 1965, ist Erziehungswissenschaftler
an der Eberhard-Karls-Universität Tübingen und seit 2015
Direktor der Tübingen School of Education.

Die Online-Materialien finden Sie im Downloadbereich des Buches auf www.beltz.de

Das Werk einschließlich aller seiner Teile ist urheberrechtlich geschützt.
Jede Verwertung ist ohne Zustimmung des Verlags unzulässig.
Das gilt insbesondere für Vervielfältigungen, Übersetzungen, Mikroverfilmungen
und die Einspeicherung und Verarbeitung in elektronische Systeme.

FSC www.fsc.org MIX Papier aus verantwortungsvollen Quellen FSC® C089473

Dieses Buch ist erhältlich als:

ISBN 978-3-407-25773-4 Print
ISBN 978-3-407-29531-6 E-Book (PDF)

4., vollständig überarbeitete Auflage 2018
3., überarbeitete Auflage 2008
2., unveränderte Auflage 2006

© 2005 Beltz Verlag · Weinheim und Basel
Werderstraße 10, 69469 Weinheim
Alle Rechte vorbehalten

Lektorat: Dr. Erik Zyber
Herstellung: Michael Matl
Satz: paginamedia GmbH, Hembsbach
Druck: Beltz Grafische Betriebe, Bad Langensalza
Umschlaggestaltung: Michael Matl
Umschlagabbildung: istock © Minerva Studio
Printed in Germany

Weitere Informationen zu unseren Autoren und Titeln finden Sie unter:
www.beltz.de

Inhaltsverzeichnis

Vorwort des Herausgebers 7

Vorwort des Autors zur 4. Auflage 8

1. Was heißt »wissenschaftlich« arbeiten? 10

2. Die Wahl des Themas 14

3. Zum Prozess des wissenschaftlichen Arbeitens 17
Phasen 17
Textsorten 19
Recherche und Bestellmöglichkeiten (im Internet) 22
Lesetechniken 27
Textmarkierungen und -anmerkungen 29
Grundformen wissenschaftlichen Schreibens 31
Exzerpt 32
Mitschrift 34
Exposé 36

4. Die zentrale Fragestellung 38

5. Umgang mit Quellen in der Wissenschaft 41
Zitierung: Vorklärungen und Grundregeln 41
Plagiarismus und wissenschaftliche Integrität 42
Zitationsstil »Erziehungswissenschaft« 44
Zitationsstil gemäß American Psychological Association (APA) 53
Glaubwürdigkeitsprüfung von Internetquellen 56
Elektronische Zitierung und Literaturverwaltung 57
Abschließender Hinweis zu Zitierung und Literaturrecherche 58

6. Sprache und Stil 59
Stilistische Hinweise 59
Gendersensible Schreibweise: »LehrerInnen« oder »Lehrer« oder ...? 62

7. Instrumente zur inhaltlichen Analyse ... 65
Ebenen pädagogischer Reflexion ... 65
Die »Anstrengung des Begriffs« ... 67
Der rote Faden ... 68
Der eigenständige Beitrag ... 69
Beschreiben, Analysieren, Interpretieren, Bewerten ... 72

8. Bearbeitung von Texten in Lehrveranstaltungen ... 75
Didaktische Überlegungen ... 75
Variationsmöglichkeiten ... 76

9. Referate ... 81
Ziele und Bestandteile eines Referats ... 81
Vorbereitung ... 82
Seminarskript ... 82
Durchführung ... 84
Der schriftliche Bericht (»kleine« Hausarbeit) ... 90

10. Schriftliche Arbeiten ... 91
Zeitplanung ... 91
Gliederung ... 92
Grafiken, Abbildungen und Tabellen ... 100
Formatvorlagen und Seitenlayout ... 101

11. Alternative Leistungen ... 102
Protokoll ... 103
Forschungsvorhaben ... 105
Portfolio und Lerntagebuch ... 106

12. Die mündliche Prüfung ... 113
Schriftliche Gliederung ... 113
Bloomsche Taxonomie ... 115
Hinweise zum Prüfungsverlauf ... 117
Fehlerquellen und ungeeignete Beurteilungskriterien ... 121

13. Literaturverzeichnis ... 123

14. Kopiervorlagen ... 128

Vorwort des Herausgebers

Der Themenkreis »Wissenschaftliches Arbeiten« ist nicht neu. Seit langem ist bekannt, wie wichtig es für ein erfolgreiches Studium ist, über die notwendigen und der Sache angemessenen Instrumente zu verfügen, um die von der Wissenschaft angebotenen Inhalte optimal für sich aufbereiten und in eigene Wissensstrukturen integrieren zu können. Weil dieser Zusammenhang ebenso offensichtlich wie plausibel ist, haben Publikationen zur Einführung in »Wissenschaftliches Arbeiten« nie an Wert und Attraktivität verloren. Wer will nicht Wissen effizient und effektiv nutzen, wer will nicht über grundlegende Studientechniken und Kompetenzen verfügen, die es einem ermöglichen, besser die theoretischen Erkenntnisse und empirischen Befunde zu ordnen, zu verstehen und zu bewerten?

Der Autor verfolgt mit dieser Veröffentlichung die Absicht, sowohl über den aktuellen Stand des wissenschaftlichen Arbeitens im Studium der Pädagogik umfassend und tief greifend zu informieren als auch die anerkannten Anregungen zusammenzutragen und durch praktische Erfahrungen zu ergänzen.

Zweifellos überzeugen die bedarfsgerechten Ausführungen durch ihre Konkretheit und Zweckhaftigkeit und machen damit das vorliegende Buch für Studierende und Lehrende gleichermaßen unentbehrlich. Beide Zielgruppen können für ihre Arbeit von der breiten Palette der Hinweise, Konzepte und Verfahren profitieren, sodass es berechtigt ist, wenn das Buch einerseits als Lehrwerk andererseits als Lernbuch eingesetzt wird. Die vorgestellten und erläuterten Vorschläge basieren auf langfristig bewährten Fundamenten, was für die Leserschaft bedeuten sollte, mit der Umsetzung der einen oder anderen Empfehlung auch den persönlichen Erfolg erwarten zu dürfen. Vor diesem Hintergrund wünscht der Herausgeber dem Buch die Anerkennung, die es verdient.

Bielefeld *Prof. Dr. Eiko Jürgens*

Vorwort des Autors zur 4. Auflage

Wissenschaftliches Arbeiten ist unabdingbarer Bestandteil jedes erziehungs- und bildungswissenschaftlichen Studiums. Nicht immer besitzen Studierende ausreichende Kenntnisse über grundlegende Aspekte wissenschaftlichen Arbeitens. Anders formuliert: Die diesbezüglich hohen Erwartungen an Studierende beruhen nicht immer auf systematischer Förderung. Der vorliegende Band unterstützt Lehrende wie Studierende bei der systematischen Anwendung wissenschaftlicher Arbeitstechniken.

Inhaltlich liegt das Bemühen zugrunde, die wesentlichen Aspekte in einem Band zu vereinen und auf weiterführende Literatur jeweils zu verweisen, also eine prägnante Einführung zu ermöglichen. Daher ist das Spektrum der dargestellten Themen recht breit und reicht von ersten Zugängen zum wissenschaftlichen Arbeiten, von Recherchemöglichkeiten im Internet über Hausarbeiten und Referate bis hin zur mündlichen Abschlussprüfung.

Mit diesem Band möchte ich Studierende *und* Dozierende gleichermaßen ansprechen und versuchen, Hinweise und Unterlagen für beide Zielgruppen bereitzustellen. Hierzu können insbesondere die im Anhang abgebildeten Kopiervorlagen eine geeignete Grundlage darstellen, z. B. im Rahmen von Einführungsveranstaltungen in wissenschaftliches Arbeiten.

Die vorliegende 4. Auflage wurde erheblich überarbeitet. Insbesondere vier zum Teil dynamische Entwicklungen wurden aufgenommen: Erstens wurde der deutlich zunehmenden Digitalisierung erziehungs- und bildungswissenschaftlicher Publikationen Rechnung getragen, die beispielsweise zu veränderten Recherchemöglichkeiten führt. Zweitens hat die öffentliche Plagiatsdiskussion den studentischen Alltag erreicht. Wie hier korrekt vorzugehen ist, war bereits in der ersten Auflage enthalten, wird nun jedoch deutlicher hervorgehoben. Drittens wurde die Aufwertung empirischer Forschung berücksichtigt, die u. a. zu einer veränderten Zitationspraxis in der scientific community führte – mittlerweile wird vielfältig gemäß den Richtlinien der American Psychological Association (APA) zitiert, die bei der Erstauflage 2005 noch kaum verbreitet waren. Der verstärkten empirischen Forschung wird in dieser Neuauflage durch weitere Veränderungen Beachtung geschenkt, beispielsweise durch ein eigenes Kapitel zur Formulierung von Fragestellungen bzw. Forschungsfragen. Viertens hat sich seit der ersten Auflage die disziplinäre Zuständigkeit der Lehrerbildung ausdifferenziert und verändert. War bis in die 2000er-Jahre hinein der nicht-fachliche bzw. nicht-fachdidaktische Anteil weitgehend in der Schulpädagogik als Teildisziplin der Erziehungswissenschaft angesiedelt, so sind jetzt unterschiedliche und zum Teile mehrere Disziplinen beteiligt: Erziehungswissenschaft und Schulpädagogik, empirische Bildungsforschung, Bildungssoziologie oder Pädagogische Psychologie – seit einigen Jahren gilt daher der Begriff »Bildungswissenschaften« als übergreifende Kategorie für die Lehrerbildung. Insofern ist der ursprüngliche Titel »Pädagogik« nicht mehr zeitgemäß und die jetzige Konnotation »Erziehungs- und Bildungswissenschaften« entspricht viel eher der derzeitigen Struktur der Lehrerbildung.

Ich danke allen Kolleginnen und Kollegen sowie allen Studierenden sehr herzlich, die diesen Band in unterschiedlichster Weise unterstützt und ermöglicht haben. Ein besonderer Dank geht aufgrund sehr hilfreicher, spezifischer Hinweise an Renke Siems von der Universitätsbibliothek Tübingen sowie an Dr. Samuel Merk und Lina Feder. Über Änderungs- und Ergänzungsvorschläge freue ich mich.

Tübingen, im Januar 2018 *Thorsten Bohl*

1. Was heißt »wissenschaftlich« arbeiten?

- Eigenständige Gedankenarbeit
- Systematisches und methodisch kontrolliertes Vorgehen
- Allgemeingültigkeit
- Fundierung der Aussagen
- Schreibstil
- Begriffsklarheit
- Formale und technische Aspekte
- Redlichkeit

Wissenschaftliches Arbeiten unterscheidet sich von journalistischem Arbeiten, von Poesie oder alltäglichen Argumentationen im Bekannten- und Freundeskreis – es erfolgt nach bestimmten Merkmalen und Standards. Diese sind zwar nicht immer detailliert festgeschrieben, gleichwohl sind die im Folgenden dargestellten Grundzüge allgemein anerkannt.

Eigenständige Gedankenarbeit

Wissenschaftliches Arbeiten beruht nicht nur auf der Wiedergabe vorliegender Texte, sondern auf der intensiven und eigenständigen Auseinandersetzung mit fremden Gedanken: Komplexe Sachverhalte durchdringen und korrekt wiedergeben, Zusammenhänge herstellen, Begriffe durchleuchten, Definitionen analysieren, Argumentationen kritisieren, eigene Perspektiven begründen etc. Die eigenständige Gedankenarbeit ermöglicht nicht nur das Verstehen fremder Gedanken, sondern eröffnet den Blick auf neue Aspekte des Forschungsgegenstandes. Vor dem Hintergrund wissenschaftlicher Ansprüche wird die Innenwelt des Individuums erweitert – eigene Gedanken werden auf ihren Realitätsgehalt überprüft und der Diskussion ausgesetzt (vgl. Sesink 1999, S. 10).

Systematisches und methodisch kontrolliertes Vorgehen

Das Vorgehen ist systematisch, d. h., Aufbau, Gliederung und Duktus der Arbeit folgen einer inneren Logik, die der Verfasser/die Verfasserin explizit benennt und begründet. Man beschreibt und begründet sämtliche (wesentlichen) Aspekte des Vorgehens – und behält damit die Kontrolle über den Arbeits- und Forschungsprozess. Ein methodisch kontrolliertes Verfahren erleichtert die Nachprüfung und Nachahmung der Forschungsarbeit (z. B. für ähnliche Vorhaben mit anderer Stichprobe). Dies ist eine fundamentale Anforderung an wissenschaftliches Arbeiten, die nicht zuletzt auch die sorgfältige Detailarbeit begründet. Prinzipiell müsste jeder, der denselben methodischen Weg einschlägt zum selben

Ergebnis kommen. Dies ist zwar eine relativ alltagsferne Forderung, sie verdeutlicht jedoch sofort, an welcher Stelle persönliche Wertungen und »Brüche« erkennbar werden. Das systematische Vorgehen erfolgt mit permanentem Blick auf die zu untersuchende Fragestellung. Das Vorgehen ist daher zielorientiert.

Nur mittels eines methodisch kontrollierten Verfahrens kann Allgemeingültigkeit angestrebt werden.

Allgemeingültigkeit

Allgemeingültigkeit ist eng mit dem methodischen Vorgehen verbunden. Für das methodische Vorgehen gelten die testtheoretischen Ansprüche Objektivität, Validität und Reliabilität. Eine Arbeit ist »objektiv«, wenn die Ergebnisse unabhängig von der Person des Wissenschaftlers sind, d. h. andere Personen zum selben Ergebnis kommen würden. »Valide« ist eine Arbeit, wenn sie genau das untersucht bzw. misst, was sie zu messen beansprucht. Beispielsweise ist eine schriftliche Befragung von Schülerinnen und Schülern nicht valide, wenn die Ergebnisse aufgrund mangelnder Sprachkenntnisse – und nicht etwa aufgrund mangelnden Wissens – verfälscht werden. »Reliabilität« ist erreicht, wenn das Verfahren zuverlässig ist, d. h. wenn eine zeitlich nachgeordnete Untersuchung unter gleichen Bedingungen zu identischen Ergebnissen führt. Diese drei Ansprüche sind als Zielsetzungen permanent zu berücksichtigen – obschon sie kaum erreichbar erscheinen. Zur Allgemeingültigkeit zählen zudem Vollständigkeit und angemessen breite Behandlung des Themas, sodass relevante Vorarbeiten berücksichtigt werden. Bei weitergehender methodologischer Betrachtung der Allgemeingültigkeit führt diese in der empirisch-quantitativen Forschung tendenziell zu repräsentativen Aussagen, in der empirisch-qualitativen Forschung zu theoretisch begründeten, typischen Zusammenhängen, die an einzelnen Fällen aufgezeigt werden können.

Fundierung einer Aussage

Wissenschaftliches Schreiben und Argumentieren erfordert eine gewisse Tiefe und Ausführlichkeit. Dies ist notwendig, um Zusammenhänge deutlich zu machen und um nicht in unbewiesenen oder oberflächlichen Behauptungen zu verweilen. Aussagen werden fundiert, indem sie erläutert und begründet, an Theorien angebunden oder mittels empirischer Ergebnisse belegt werden.

Schreibstil

Wissenschaftliches Arbeiten ist von einem spezifischen Schreibstil gekennzeichnet. Die Sprache beruht auf der deutschen Rechtschreibung und Grammatik (Duden). Sie ist verständlich, präzise und schlicht. Der wissenschaftliche Charakter zeigt sich nicht, wie häufig angenommen, in komplizierten, verschachtelten und von Fremdwörtern durchsetzten Sprachkonstruktionen. Gleichwohl wird permanent die Fachsprache verwendet. Dadurch schließt die Arbeit am Stand der Forschung einer bestimmten Disziplin an und eröffnet interessierten Leserinnen und Lesern den fachbezogenen Kontext.

Begriffsklarheit

Wesentliche Begriffe einer Arbeit werden geklärt, d. h. definiert. Unterscheidungen und Abgrenzungen werden deutlich. Mit der begründeten Entscheidung für eine bestimmte Definition positioniert man sich nicht selten auch in theoretischer oder gar wissenschaftstheoretischer Hinsicht. Der Anspruch der Begriffsklarheit führt daher zumeist (d. h. je nach Thema und Forschungsfrage) zu einer Zuordnung zu einer bestimmten Theorie. Selbstverständlich werden nicht alle, sondern lediglich wichtige und häufig verwendete Begriffe definiert. Entscheidende Begriffe sind nicht selten bereits in Titel und Untertitel enthalten.

formale und technische Aspekte

Zur Berücksichtigung formaler und technischer Aspekte wissenschaftlichen Arbeitens zählen z. B. Zitierung, Paraphrasieren, Literaturverzeichnis, systematisches Vorgehen, sorgfältiges Layout. Sorgfalt und Umsicht während des Arbeitsprozesses zeigen sich an dieser Detailarbeit.

Redlichkeit

Bestimmte Regeln sichern intellektuelle und wissenschaftliche Redlichkeit. Dabei handelt es sich besonders um den Anspruch, sämtliche Bezugsquellen genau anzugeben. Wer sich fremder Gedanken bedient, ohne dies auszuweisen, begeht geistigen Diebstahl. In diesem Zusammenhang sind das unbelegte Herunterladen anderer Arbeiten oder Teilarbeiten aus dem Internet besonders zu nennen, aber auch die in jüngster Zeit vielfach öffentlich diskutierten Plagiatsvorwürfe. Namhafte Personen des öffentlichen Lebens haben hier, etwa bei der Fälschung ganzer Passagen oder großer Teile ihrer Dissertationsschrift, der Wissenschaft erheblich geschadet.

Wissenschaftliches Arbeiten ist mehr als die Addition der o.g. Regeln. Im Prozess des wissenschaftlichen Arbeitens und Schreibens offenbaren sich permanent zahlreiche Spannungsfelder, z. B. zwischen Eigeninteresse und Machbarkeit, zwischen eigener Meinung und wissenschaftlicher Begründung, zwischen den vorhandenen Ressourcen und den wissenschaftlichen Ansprüchen, zwischen der Komplexität der Welt und der engen und kleinen Fragestellung oder zwischen der ersten kleinen Idee bis zur Abgabe einer Arbeit. Eine Definition wissenschaftlichen Arbeitens kann sich daher nicht ausschließlich auf den objektiven Charakter von Wissenschaft zurückziehen. Ich schlage folgende Definition wissenschaftlichen Arbeitens vor:

Wissenschaftliches Arbeiten zeigt sich in einer systematischen und methodisch kontrollierten Verbindung eigenständiger und kreativer Gedanken mit bereits vorliegenden wissenschaftlichen Befunden. Das Vorgehen ist gründlich, sorgfältig, begriffsklärend und in der Regel fach- bzw. disziplinbezogen.

Wissenschaftliche Arbeitstechniken, die in diesem Band vielfach vorgeschlagen werden, erleichtern und systematisieren die Auseinandersetzung mit einem Gegenstand, ohne jedoch eine fundierte *inhaltliche Auseinandersetzung ersetzen zu können.*

2. Die Wahl des Themas

- Persönliches Interesse
- Neuigkeitsgehalt
- Nutzen der Ergebnisse
- Präzisieren des Gegenstands
- Forschungsmethodische Kompetenz
- Persönliche Ressourcen

Studierende können Themen, mit denen sie sich im Laufe ihres Studiums intensiver auseinandersetzen, häufig selbst oder zumindest mitbestimmen. Bei Hausarbeiten oder Referaten, insbesondere jedoch bei wissenschaftlichen Abschlussarbeiten beginnt der Arbeitsprozess mit der Themenwahl. Obschon sich die genauere Struktur und inhaltliche Substanz des Themas erst im Laufe der intensiveren Bearbeitung herauskristallisieren, erfordert die Themenwahl einige grundlegende Vorüberlegungen.

Persönliches Interesse

Das Thema der geplanten Arbeit sollte persönlich als interessant und motivierend empfunden werden, sodass auch über einen längeren Zeitraum hinweg die Motivation erhalten bleibt. Es lohnt sich daher, frühzeitig zu prüfen, ob ein Thema wirklich geeignet ist, einige (Lebens-) Zeit hierfür zu investieren. Gleichzeitig sollte die notwendige Distanz zum Thema vorhanden sein[1], sodass sachliche Bearbeitung und Korrektur des Weges unabhängig von persönlichen Präferenzen und Interessen möglich sind. Dies lässt sich präziser formulieren: Es geht um wissenschaftliches Arbeiten mit wissenschaftlichen Ansprüchen, nicht um persönliche Glaubensbekenntnisse (Peterßen 1987, S. 20). Zudem sei davor gewarnt, ernste persönliche Probleme in eine wissenschaftliche Frage umzuformulieren und als Lösungshoffnung eine Abschlussarbeit zu verfassen.

Neuigkeitsgehalt

Sofern möglich, sollte die Arbeit neue Aspekte enthalten (Eco 1992, S. 41 f.). Es ist immer möglich, ein Thema unter einer bestimmten Fra-

---

[1] Ein Distanz- und Rollenproblem ergibt sich etwa bei Lehrerinnen und Lehrern, die in einer wissenschaftlichen Arbeit ihren eigenen Unterricht untersuchen: Unerwartete Ergebnisse stellen dann möglicherweise die eigene Tätigkeit infrage. Zudem ist der Rollenkonflikt zwischen der Forschungsarbeit und der beruflichen Arbeit kaum trennbar (z. B. bei Befragung einiger Schülerinnen und Schüler). Dies sollte im Methodenkapitel der Arbeit reflektiert werden. Diese Problematik wird beispielsweise bei Altrichter (1990) erörtert.

gestellung zu betrachten, einen neuen Zusammenhang herzustellen, neue erfahrungsbezogene Aspekte zu integrieren, einen Begriff kritisch zu durchleuchten etc. Andererseits sollte dies nicht dazu führen, sofort nach neuen Erkenntnissen zu streben und grundlegende Begriffsklärungen zu vernachlässigen. Bei anspruchsvollen Themen ist es bereits eine hohe Leistung, Begriffe und Systematiken zu durchdringen und mit eigenen Worten zu beschreiben. Der Neuigkeitsgehalt steht bei wissenschaftlichen Hausarbeiten weniger im Vordergrund als bei Abschlussarbeiten.

Nutzen der Ergebnisse

Die Arbeit wird aufgewertet, wenn die Ergebnisse von Nutzen sind (Eco 1992, S. 42). Im engen Sinne kann man festhalten, dass z. B. Referate für die Zuhörerinnen und Zuhörer von Nutzen sein sollten. Schriftliche wissenschaftliche Arbeiten sollten für die Fachwelt von Nutzen sein, dies gilt vorwiegend für Abschlussarbeiten. Aber auch Hausarbeiten können den wissenschaftlichen Diskurs bereichern. Ein Nutzen entsteht z. B. wenn eine Arbeit für eine Schule, eine soziale Institution oder deren Mitglieder Gewinn bringend ist. Allerdings ist damit nicht ein Plädoyer für schnelle Verwertbarkeit gemeint, das Verfassen von Hausarbeiten ist insbesondere eine Qualifikations- und Bildungsmaßnahme im Studium – jenseits eines Nutzungsgedankens für Dritte.

Präzisieren des Gegenstands

Es genügt nicht, ein grobes Thema zu benennen. Bereits bei der Wahl des Themas sollten Sie bedenken, auf welche Weise präzise Fragestellungen entstehen könnten. Die Untersuchung behandelt einen genau umrissenen Gegenstand (vgl. Eco 1992, S. 38). D. h., man beschäftigt sich zunächst mit der Auswahl und Konkretisierung des Themas. Dabei sind eine oder mehrere genaue Fragestellungen herauszuarbeiten, die untersucht werden sollen und in der Regel durch Hypothesen zu konkretisieren sind. Dies hört sich einfach an, setzt jedoch eine eingehende Beschäftigung mit dem Thema und dem Forschungsstand voraus. Es macht wenig Sinn, eine Frage zu formulieren, die zu banal oder bereits seit langem geklärt ist.

Forschungsmethodische Kompetenz

Die Bearbeitung des Gegenstandes verläuft methodisch kontrolliert (s.o.) und erfordert daher, insbesondere in empirischen Arbeiten, eine bestimmte forschungsmethodische Kompetenz. Der Anspruch an qualitätsvolle empirische Forschung ist im deutschsprachigen Raum massiv angestiegen. Sollten Sie eine empirische Arbeit planen, dann ist es unabdingbar, die eigenen methodischen Möglichkeiten und Kompetenzen genau zu prüfen. Die Themenwahl genügt noch nicht, um »starten« zu können, vielmehr sind eine oder mehrere leitende Fragestellungen zu entwickeln zu deren Klärung ein bestimmtes Untersuchungsinstrumentarium notwendig ist. Hier stellt sich also die Frage *Ihrer* forschungsmethodischen Kompetenz: Wie führt man ein Interview durch? Wie interpretiere ich eine Originalquelle? Wie werte ich die Daten aus? Wie beobachte ich Unterricht? Wie entwickle ich einen Fragebogen? Möglicherweise sollten Sie das Thema oder die zu untersuchenden Fragen verändern – oder sich die notwendige forschungsmethodische Kompetenz aneignen.

Persönliche Ressourcen

Die Wahl des Gegenstandes ergibt sich nicht nur aus der wissenschaftlichen Sachlage, sondern auch aus den persönlich verfügbaren Ressourcen. Die realistische Einschätzung der persönlichen Lebens- und Arbeitssituation während des Schreibprozesses gehört zu den größten Schwierigkeiten zu Beginn der Arbeitsphase. Der Begriff »Ressourcen« ist dabei breit zu verstehen: persönliche Energie, verfügbares Zeitbudget, bereits erbrachte und nutzbare Vorarbeiten, persönliche Unterstützung, verfügbare Quellen und Materialien, Arbeitsplatz, ausreichende Computerausstattung, Beratung durch die betreuenden Dozierenden, Ausstattung örtlicher und zugänglicher Bibliotheken, finanzielle Mittel zum Erwerb von Literatur, eigene fachliche und forschungsmethodische Kompetenz etc.

Die Wahl des Themas führt zu einem Arbeits- und Schreibprozess, in dem unter Verwendung von Fachbegriffen eine Art Diskurs entsteht (Kiel 2001, S. 56). Unter Einhaltung bestimmter Regeln wissenschaftlichen Arbeitens setzt man sich mit Inhalten, mit Autorinnen und Autoren und letztlich permanent mit der eigenen Position auseinander. Fragen werden formuliert, Hypothesen aufgestellt und verworfen. Entlang des roten Fadens erfolgt ein Klärungsprozess, der zu neuen Erkenntnissen führen kann, in jedem Fall den eigenen Horizont erweitert.

3. Zum Prozess des wissenschaftlichen Arbeitens

- Phasen
- Textsorten
- Recherche und Bestellmöglichkeiten (im Internet)
- Lesetechniken
- Textmarkierungen und -anmerkungen
- Grundformen wissenschaftlichen Schreibens
- Exzerpt
- Mitschrift
- Exposé

Phasen

Der Prozess des wissenschaftlichen Arbeitens ist Voraussetzung für Referate, für deren Verschriftlichung sowie für Haus- und Abschlussarbeiten. Er verläuft in mehreren Phasen (Abb. 1, S. 19).

(Nicht zwingend) chronologisch

Die Phasierung verläuft systematisch, langfristig geplant und in Teilschritten gegliedert, jedoch nicht zwingend und durchweg chronologisch im Sinne des Abarbeitens einer Gliederung. Beispielsweise können bereits abgeschlossene Kapitel frühzeitig zum Korrekturlesen gegeben werden, dies spart später Zeit. Häufig überarbeitet man die Gliederung im Laufe des Schreibprozesses, veränderte inhaltliche Wege erfordern erneute Lektüre – weitere Recherchen werden notwendig.

Hinweise

An dieser Stelle sollen einige Hinweise[2] zu diesen Phasen genügen:

- Den beiden ersten Orientierungs- und Strukturierungsphasen sollte eine gute Kenntnis der erreichbaren Bibliotheken vorausgehen (→ Kopiervorlage K 1). Alle Hochschulbibliotheken bieten zu diesem Zweck regelmäßig Führungen an.
- Recherchieren ist heute vergleichsweise leicht und inzwischen fast durchweg elektronisch möglich. Der schnelle Zugriff auf Literatur verstellt jedoch den Blick für die weitaus schwierigere Auswahl und Bewertung von Literatur. Daher kann es durchaus effektiv sein, in die Präsenzbibliothek zu gehen, quer zu lesen, Notizen zu machen etc.

---

[2] Ausführliche Erläuterungen geben z. B. Topsch (2006) und Bünting u. a. (1996, S. 76–119).

Planen Sie daher bewusst Zeit für die Entscheidung ein, mit welcher Literatur Sie intensiv arbeiten möchten. Holen Sie ggf. Hilfe bei einem Betreuer oder einer Betreuerin ein, sodass Sie über gute Entscheidungskriterien verfügen (z. B. Aktualität, wissenschaftlicher Hintergrund einer Autorin, wissenschaftstheoretische Ausrichtung).

- Machen Sie sich möglichst mit sämtlichen elektronischen Recherche- und Bestellmöglichkeiten vertraut. Beantragen Sie frühzeitig Passwörter etc. Besonders wertvoll sind Dokumentenlieferdienste (z. B. SUBITO), Fernleihen, Datenbanken und weitere Serviceeinrichtungen der Bibliotheken.
- Erkunden Sie frühzeitig, welche Lexika und Fachzeitschriften für Ihr Fach und Ihr Fachgebiet vorhanden und wichtig sind. Nehmen Sie sich regelmäßig Zeit, um Fachzeitschriften durchzusehen. Überlegen Sie, ob es möglich ist, eine wichtige Fachzeitschrift zu abonnieren. Erkundigen Sie sich bei einem Dozenten/einer Dozentin, welche Zeitschrift empfehlenswert und für Ihre Studienzwecke Gewinn bringend ist.
- Analysieren Sie die einschlägigen Fachzeitschriften, damit Sie nicht eine oder mehrere wesentliche übersehen (→ Kopiervorlage K 2).
- Suchen Sie für sich eine realistische Kombination aus Vorstrukturierung und kreativer Schreibarbeit. Die vorbereitete Gliederung soll stabilisieren und unterstützen, nicht einschränken.
- Erstellen Sie für schriftliche Arbeiten, insbesondere für Abschlussarbeiten einen Zeitplan, der sich insbesondere am Aufwand für die Erstellung des roten Fadens orientiert (→ Kopiervorlage K 3; vgl. Kap. 8).
- Überlegen Sie frühzeitig, auf welche Weise und in welchen Abständen Sie Ihre Daten sichern möchten (Cloud-Speicher, Universitätsserver, externe Festplatte). Der Verlust von Daten ist extrem nervenaufreibend und zeitraubend. Legen Sie zudem Sicherheitskopien an. Die automatische Zwischenspeicherung in WORD ist beispielsweise beim Absturz des Rechners nicht zwangsläufig wieder herstellbar.
- Unterschätzen Sie den Zeitaufwand für die Endredaktion nicht. Zwischen dem (vermeintlich) letzten geschriebenen Wort und der fertigen Abgabeversion liegen zahlreiche aufwendige Arbeitsschritte. Nicht selten hört man zudem in dieser Phase von Computer- und Druckerproblemen.

Phasen	Beispiele/Konkretisierung
1. orientieren	• einen groben Überblick verschaffen (z. B. Nachschlagewerke) • einen ersten Gliederungsentwurf erstellen • Berater kontaktieren, evtl. Fernleihe initiieren
2. Thema strukturieren und Material sammeln	• intensiv lesen • Fragen formulieren • den roten Faden entwerfen • bibliografieren • Karteien oder Dateien anlegen • Strukturierungshilfen nutzen (Mindmap, Strukturpläne)
3. Schreibkonzept erstellen	• Literatur und Daten auswerten • den roten Faden konkretisieren • eine Gliederung erstellen • den Seitenumfang sichten
4. schreiben	• den roten Faden (und evtl. mehr) verschriftlichen • Nebentätigkeiten erledigen (z. B. Gliederung überprüfen, Literaturverzeichnis aktualisieren)
5. Endredaktion	• inhaltliche Struktur (Widersprüche, Brüche etc.) prüfen • Überarbeiten (Layout, Rechtschreibung, Stil etc.) • wenn möglich Korrektur lesen lassen

Abb. 1: Phasen wissenschaftlichen Arbeitens (ver. n. von Werder 1996, S. 434 f.)

Textsorten

Im Rahmen des Studiums spielen wissenschaftliche Texte und der Umgang damit eine wichtige Rolle. Wissenschaftliche Texte sind Sachtexte und unterscheiden sich von journalistischen, literarischen oder fiktionalen Texten. Intention und Struktur eines Textes werden klarer, wenn man die Textsorte und die innere Struktur zuordnen und richtig nutzen kann.

spezifische Funktionen und ...

Jede Textsorte hat eine bestimmte Funktion. So ist ein Handbuch gut als Einstieg in ein Thema geeignet, während ein Essay bestimmte Aspekte vertiefend aufgreift (Abb. 2, S. 20 f.). Die aufgelisteten Textsorten sind auf diejenigen begrenzt, die im erziehungswissenschaftlichen Studium wesentlich sind.

... innere Struktur

Texte haben eine unterschiedliche innere Struktur (Abb. 3, S. 21), die zuweilen vermischt oder additiv zusammengeführt werden, etwa, wenn in einem Artikel einer Fachzeitschrift zunächst der Forschungsstand beschrieben wird und abschließend konkrete handlungsleitende Hinweise für Lehrkräfte formuliert werden.

Ein reflektierter Wechsel der inneren Struktur oder ein gezielter Hinweis auf eine bestimmte Textsorte innerhalb eines Referates oder einer Hausarbeit zeugt von einem souveränen Arbeitsprozess.

Textsorte	Erläuterung
Abstract	Zusammenfassung z. B. von Monografien in Zeitschriften.
Almanach	Überblick mit Leseproben z. B. von Aufsätzen in Fachgebietsalmanachen.
Annalen	Jahrbücher mit chronologischer Darstellung historischer Abläufe.
Apologie	Rechtfertigung, Rede oder Schrift zur Verteidigung einer Meinung, Person oder Handlung.
Appendix	Anhang am Ende eines Buches, enthält z. B. Tabellen, Quellen.
Bericht	Berichte informieren und legen Rechenschaft über etwas ab.
Bibliografie	Verzeichnis von Literaturnachweisen.
Chronik	Zeitlich angeordnete Darstellung zumeist historischer Abläufe, größere Zeiträume als Annalen.
Diarium	Tagebuch, i. d. R. eine persönliche Aufzeichnung in chronologischer, aber unregelmäßiger Abfolge.
Diskurs	Allg.: Abhandlung, Erörterung; wiss.: Auseinandersetzung um die Suche nach Geltungsansprüchen wissenschaftlicher Behauptungen (n. Habermas).
Dokumentation	Allg.: Sammlung, Erschließung, Ordnung und Bereitstellung von Dokumenten.
Enzyklopädie	Umfassende und übersichtliche Gesamtdarstellung des Wissens einer Zeit oder eines Fachgebietes.
Essay	Kürzere Abhandlung über einen wiss. Gegenstand in geistreicher Form bei bewusst gewählter Subjektivität der Auffassung.
Exkurs	In sich geschlossene, wissenschaftliche Abhandlung, i. d. R. in den Text eingeschobene kürzere Abschweifung.
Exposé	Entwurf zur Erläuterung eines Planes, i. d. R. als Diskussions- und Arbeitsgrundlage, I. G. zu den dt. Begriffen »Plan« und »Entwurf« den offenen und kreativen Charakter betonend.
Fallbeispiel	Darstellung, Analyse, Interpretation und Bewertung einer einzelnen Situation, Person, Handlung.
Glossar	Alphabetisch geordnetes Wörter- und Begriffsverzeichnis
Handbuch	Zusammenfassung wesentlicher Erkenntnisse und Gegenstände eines Teils eines Fachgebietes, als Einstieg in ein Thema gut geeignet.
Hausarbeit	Schriftliche Arbeit im Studium mit dem Ziel, sich mit wissenschaftlichem Arbeiten vertraut zu machen.
Index	Inhaltsverzeichnis oder alphabetisches Stichwort-, Sach- und Namensregister.

Textsorte	Erläuterung
Jahrbuch	Periodisch erscheinende Veröffentlichung zu bestimmtem Fachgebiet.
Kommentar	Erläuterung, Stellungnahme zu einem Text.
Kompendium	Ein kurzes Handbuch, i. d. R. zum Zwecke des (schnellen) Lernens, z. B. als Prüfungsvorbereitung.
(Seminar-)Mitschrieb	I. G. zum Protokoll nicht vollständig, sondern mit persönlicher Gewichtung versehen und für weitere Verwendung (Nachbereitung, Prüfung) gedacht.
Monografie	In sich geschlossene, möglichst umfassende Darstellung eines einzelnen wissenschaftlichen Gegenstandes.
Protokoll	Niederschrift eines Ereignisses im Verlauf und/oder im Ergebnis.
Referat	Schriftliche Arbeit über ein bestimmtes mündlich vorgetragenes Thema; i. d. R. mehr als ein Bericht, enthält also auch eine Analyse und pers. Stellungnahme.
Repetitorium	Ähnlich Kompendium, wissenschaftliche und übersichtliche Zusammenfassung zum Zwecke des schnellen Nachschlagens und Lernens.
Rezension	Buchbesprechung, Textkritik.
Supplement	Ergänzungsband eines mehrbändigen Werkes.
Synopse	Vergleichende Übersicht mehrerer Sichtweisen zu einem Gegenstand.
Thesaurus	Umfassendes Wörterbuch als Sammelband aller Wörter einer Fachsprache.
Thesenpapier	Setzung, Behauptung; These: ein Satz, der eines Beweises bedarf; ein Thesenpapier dient als Diskussionsgrundlage.

Abb. 2: Textsorten (ver. n. Stary/Kretschmer 1994, S. 20 ff.)

Texttypen	Charakteristik	Beispiele
Instruierende Texte	zum Handeln anleiten	• vereinfachte Ratschläge • Anweisungen zur Durchführung einer Untersuchung
Deskriptive Texte	differenziert, beschreiben	• Beschreibung einer Unterrichtsstunde
Narrative Texte	berichten, erzählen	• von Erfahrungen im Unterricht berichten
Expositorische Texte	erklären, darlegen, erörtern	• Zusammenhänge erklären • Theorien vorstellen
Argumentierende Texte	kritisch prüfen, begründen	• Begriffe hinterfragen • Standpunkte begründen

Abb. 3: Innere Struktur von Texten

Recherche und Bestellmöglichkeiten (im Internet)

Recherche- und Bestellmöglichkeiten haben sich im Zeitalter des Internets und der globalen Digitalisierung rapide erweitert und sind inzwischen komfortabel und effektiv nutzbar. Diesem Vorteil steht eine große Unübersichtlichkeit gegenüber – man läuft immer Gefahr, wesentliche Rechercheorte und damit potenziell wichtige Literatur oder Materialien zu übersehen. Zudem wird die Bewertung von Texten wichtiger: Ist das wissenschaftliche Literatur? Wer ist der Autor?

Von der ersten Suche zu systematischen Recherchen: Literaturdatenbanken, Metakataloge u. v. a. m.

Der erste Recherchezugang erfolgt in der Regel über das Katalogsystem der Universitäts- bzw. Hochschulbibliothek (z. B. OPAC), sowie über die jeweiligen lokalen oder regionalen Bibliotheken (z. B. Landesbibliotheken, Bibliotheksverbünde). Die folgenden Hinweise ermöglichen eine weiterführende systematische Recherche, ohne allerdings Vollständigkeit zu beanspruchen. Sie beziehen sich auf Literaturdatenbanken, Metakataloge oder Suchmaschinen im deutschsprachigen Raum im Kontext erziehungswissenschaftlicher bzw. bildungswissenschaftlicher Themenfelder.[3]

Bibliothek für bildungsgeschichtliche Forschung (BBF)

https://bbf.dipf.de/de

Die internationale Forschungsbibliothek erfüllt dokumentarische und archivarische Aufgaben und versteht sich als Kommunikationszentrum für historische Bildungsforschung. Fernleihe und Bestellung von Aufsatzkopien sind online möglich. Links führen zu weiteren Seiten mit bildungshistorischem Schwerpunkt. Sie ist Teil des Deutschen Instituts für Pädagogische Forschung (DIPF) in Frankfurt.

Bundesministerium für Wissenschaft, Forschung und Kunst

www.bmbf.de

Das Bundesministerium für Wissenschaft, Forschung und Kunst sowie die entsprechenden Landesministerien (z. B. in Nordrhein-Westfalen: www.mwf.nrw.de) bieten Informationen und Service wie eigene Veröffentlichungen oder Berichte aus laufenden Forschungsprojekten (häufig kostenlos).

---

[3] Die Hinweise sind zum Teil den jeweiligen Internetorten entnommen. Die Angaben wurden im November 2017 letztmals überprüft. Die folgenden Angaben sind alphabetisch angeordnet.

Datenbank Psychologie deutschsprachiger Länder (PSYNDEX)
https://www.zpid.de/index.php?wahl=PSYNDEX
PSYNDEX ist die Datenbank der Psychologie aus den deutschsprachigen Ländern. Mehr als eine viertel Million Publikationen, Tests, audiovisuelle Medien und Interventionsprogramme aus allen Bereichen der Psychologie und aus Nachbargebieten sind hier nachgewiesen, beschrieben und indexiert. Jährlich kommen mehr als 10 000 hinzu.

Deutsche Gesellschaft für Erziehungswissenschaft (DGfE)
www.dgfe.de
DGFE ist die Fachvereinigung der Erziehungswissenschaft in Deutschland. Die Seite bietet nützlichen Service, z. B. das Adressbuch Erziehungswissenschaft mit Verweisen auf Personen und Institutionen (z. B. Ministerien, Landesinstitute, Erziehungswissenschaftliche Institute der Universitäten). Weitere Informationen und Links: Veranstaltungskalender, DGfE-Informationen.

Deutscher Bildungsserver (DBS)
www.bildungsserver.de
Der DBS enthält Informationen und Materialien für Schule, Wissenschaft und Bildung. Für wissenschaftliche Arbeiten sind vorrangig die Links zu anderen wissenschaftlichen Einrichtungen und Forschungsstatistiken interessant. Alle Bundesländer verfügen über ähnlich strukturierte Landesbildungsserver, z. B. Baden-Württemberg (www.bw.schule.de), Schleswig-Holstein (www.lernnetz-sh.de).

Deutsches Institut für Pädagogische Forschung (DIPF) Frankfurt
https://www.dipf.de/de/dipf-aktuell
Das DIPF kombiniert Service mit Forschung, bietet wertvolle Links, z. B. zu weiteren, auch internationalen Datenbanken, zur Bildungsgeschichte und zu eigenen Publikationen und verfügt über mehrere Bibliotheken (s. u.: Frankfurter Forschungsbibliothek, Bibliothek für Bildungsgeschichtliche Forschung u. a.)

Deutsche Nationalbibliothek
http://www.dnb.de/DE/Home/home_node.html
Die Deutsche Bibliothek (Standorte: Leipzig und Frankfurt) verzeichnet alle in Deutschland erschienenen Werk seit dem Jahr 1913. Ähnliche Portale bestehen für die Nationalbibliotheken anderer Länder, z. B. Schweiz (https://www.nb.admin.ch/) oder Österreich (https://www.onb.ac.at/).

Frankfurter Forschungsbibliothek
https://www.dipf.de/de/wissensressourcen/bibliotheken/ffb
Die Forschungsbibliothek bietet eine große pädagogische Spezialbibliothek und eine angeschlossene Lehrerbücherei.

Elektronische Zeitschriftenbibliothek
rzblx1.uni-regensburg.de/ezeit/ezb.phtml
Hier sind pädagogische Zeitschriften enthalten, allerdings in unterschiedlicher Zugänglichkeit (frei oder eingeschränkt). Die zugänglichen Artikel sind nicht als Download verfügbar, können jedoch eingesehen werden. Die elektronische Zeitschriftenbibliothek ist weniger mit Blick auf führende deutsche erziehungswissenschaftliche Zeitschriften interessant, als vielmehr aufgrund internationaler (sonst nur schwer zugänglicher) oder historisch interessanter Periodika.

Erziehungswissenschaftliche Zeitschriften
www.bildungsserver.de/dgfe/zeitschriften.html
Hier findet sich eine Liste aktueller erziehungswissenschaftlicher Zeitschriften mit Beschreibung, Links und weiteren Informationen, größtenteils deutschsprachige Zeitschriften.

Fachinformationssystem Bildung (FIS Bildung)
www.fachportal-paedagogik.de/fis_bildung/fis_form.html
Die FIS Bildung Literaturdatenbank bietet umfassende Informationen zu allen Teilbereichen des Bildungswesens und enthält zurzeit 899 853 Literaturnachweise. Für die meisten Zeitschriftennachweise ist ein Link zur Zeitschriftendatenbank (ZDB) mit den dort eingetragenen bibliothekarischen Bestandsinformationen vorhanden. Die Datenbank wird vierteljährlich aktualisiert. Erstellt wird dieser Informationsdienst von FIS Bildung mit seinen fast 30 Kooperationspartnern aus Deutschland und der Schweiz. Die Koordinierungsstelle von FIS Bildung ist am Deutschen Institut für Internationale Pädagogische Forschung in Frankfurt angesiedelt.

Historische Bildungsforschung Online (HBO)
www.fachportal-paedagogik.de/hbo/
HBO ist ein Forum für deutschsprachige bildungshistorische Informationen und Berichte im WWW. HBO wird getragen von der Bibliothek für bildungsgeschichtliche Forschung des DIPF und der Sektion Historische Bildungsforschung der DGfE.

Informationszentrum Sozialwissenschaften (GESIS)

www.gesis.org/

Das Informationszentrum Sozialwissenschaften (IZ) dokumentiert und vermittelt Informationen zum Stand der Forschung und zur Literatur für den Bereich der Sozialwissenschaften in den deutschsprachigen Ländern sowie zu sozialwissenschaftlichen Forschungsaktivitäten in Osteuropa. Zugänglich sind u. a. forschungsmethodische Beratungen, Literatur- und Forschungsinformationen und Zeitschriftendatenbanken in der Schweiz, in Österreich und in Deutschland.

Karlsruher Virtueller Katalog (KVK)

https://kvk.bibliothek.kit.edu/index.html?digitalOnly=0&embedFulltitle=0&newTab=0

Der KVK ist eine Meta-Suchmaschine zum Nachweis von mehreren hundert Millionen Büchern, Zeitschriften und anderen Medien in Bibliotheks- und Buchhandelskatalogen weltweit. Er enthält eine Vielzahl von Zugängen zu internationalen Bibliothekskatalogen.

Sammelschwerpunkt Bildungsforschung im Rahmen des Projekts WEBIS der DFG (Sammelschwerpunkt an deutschen Universitäten)

http://wikis.sub.uni-hamburg.de/webis/index.php/Erziehungswissenschaft_und_Bildungsforschung

Das Sondersammelgebiet Bildungsforschung wird seit mehr als 60 Jahren im Auftrag und mit finanzieller Unterstützung der Deutschen Forschungsgemeinschaft (DFG) von der Universitätsbibliothek Erlangen-Nürnberg betreut. Es sammelt und erschließt zum Zweck der flächendeckenden Literaturversorgung in Deutschland umfassend die Veröffentlichungen des In- und Auslandes einschließlich der außerhalb des Buchhandels publizierten Literatur. Dabei wird auf einen Bestand an pädagogischer Literatur des 18. und 19. Jahrhunderts aufgebaut.

Statistisches Bundesamt und statistische Landesämter

www.destatis.de

Das statistische Bundesamt stellt aktuelle und leicht zugängliche Daten zum Bildungswesen (z. B. aktuelle Schülerzahlen) zur Verfügung. Ähnlich hilfreich sind die Seiten der Statischen Landesämter (z. B. http://www.statistik.baden-wuerttemberg.de) mit Landes- und Regionaldaten. In vielen Fällen kann spezifisches Datenmaterial (z. B. zur Festlegung einer Stichprobe) direkt angefordert werden.

SUBITO (Dokumentenlieferdienst)

www.subito-doc.de

SUBITO ist ein Recherche- und Lieferdienst für Aufsätze und Bücher, die direkt per Internet bestellt und zügig (per Mail, Fax oder Post) geliefert werden. Die Lieferung kostet für Studierende 4 Euro (1–20 Seiten, per Mail, anschließend wird nach weiteren Seitenzahlen abgerechnet). Notwendig ist eine Anmeldung mit Kunden- und Passnummer. Der Zugang ist auch als Gast möglich.

Verzeichnis lieferbarer Bücher

www.buchhandel.de

Die Seite enthält Recherche- und Bestellmöglichkeiten lieferbarer Bücher, Filme, DVDs etc.

Zeitschriftendatenbank (ZDB)

www.zeitschriftendatenbank.de

Die ZDB ist die weltweit größte Datenbank für Titel- und Besitznachweise fortlaufender Sammelwerke, also von Zeitschriften, Zeitungen usw. Dazu gehören nicht nur Printwerke, auch Titel elektronischer Zeitschriften sind zu finden. Die ZDB befindet sich in Trägerschaft der Staatsbibliothek zu Berlin und wird von der Deutschen Bibliothek betrieben. Die ZDB umfasst mehr als 1,1 Mio. Titel in allen Sprachen von 1500 bis heute und weist zu diesen Titeln den Besitz von ca. 4300 deutschen Bibliotheken nach. Die ZDB verzeichnet keine Aufsatztitel.

Zentrales Verzeichnis antiquarischer Bücher (ZVAB)

www.zvab.com

Hier bestehen Recherche- und Bestellmöglichkeiten für antiquarische Bücher.

Lesetechniken

Textverstehen setzt sinnentnehmendes Lesen voraus. Lesen ist zeitaufwendig und erfordert Konzentration, vor allem dann, wenn man wirklich etwas dabei lernen möchte und nicht nur auf zentrale Ergebnisse aus ist. Aus der Vielzahl unterschiedlicher Lesehilfen (vgl. z. B. Stary/Kretschmer 1994, S. 60 ff.), stelle ich im Folgenden drei Beispiele vor.

Die erste Lesehilfe in Abbildung 4 ist in grundlegende Schritte eingeteilt. Die ersten beiden Schritte dienen dazu, einen Text zu überfliegen und wesentliche Aussagen zu erfassen, also zu erschließen, ob eine intensive Lektüre notwendig ist.

Schritte	Konkretisierung
1. *Überblick verschaffen*	• bei Artikeln: Überschriften und Unterüberschriften • bei Büchern: Inhaltsverzeichnis, Gliederung • bei Büchern: Vorwort • Einleitung und Schluss
2. *Querlesen*	• inhaltlich orientieren • Worum geht es? • bestimmte Begriffe erfassen • zentrale Aussagen
3. *Nachdenken*	• interessante Aspekte • Widersprüchliches • Fragen
4. *Lesen*	• konzentriert lesen • Text markieren • Textsorten, -typen, zentrale Begriffe, Reflexionsebenen beachten
5. *Wesentliches schriftlich festhalten*	• eine Zusammenfassung schreiben • Widersprüche, Kommentare, Fragen notieren • Was kann ich wiedergeben?
6. *Fazit*	• Was bleibt? Was folgt (für mich)?

Abb. 4: Mögliche Schritte zum sinnentnehmenden Lesen; Lesehilfe – Beispiel 1

Lesen ist ein aktiver Konstruktions- und Interpretationsprozess

Anschließend genügt es nicht mehr, einen Text nur zu überfliegen. Verstehendes Lesen erfordert nicht nur lexikalische, grammatikalische und syntaktische Sprachkenntnisse, wie lange angenommen wurde, sondern bedarf eines aktiven Konstruktions- und Interpretationsprozesses (vgl. Kühn 2003). Ein ruhiges und verständliches Layout mit gezielt eingesetzten Abbildungen und Hervorhebungen erleichtert das Lesen.

Das zweite hier vorgestellte Beispiel ist die bekannte PQ4R-Methode (Abb. 5), die auch in Einführungen in die Erziehungswissenschaft empfohlen wird (z. B. bei Gudjons/Traub 2016, S. 12). Im Unterschied zum ersten Beispiel liegt der Schwerpunkt hier bei der expliziten Abschnittsbetrachtung. Textabschnitte sind eine wesentliche Analyseeinheit, an welche Fragen, Denk- und Wiedergabeprozesse geknüpft sind. Die Vorgehensweise ist dadurch klar strukturiert. Der zweite Schritt (Fragen formulieren) zwingt zu einer scharfen inhaltlichen Analyse von Textabschnitten. Damit der gesamte Zusammenhang des Textes nicht aus dem Blick gerät, ist der sechste Schritt (Rückblick) unverzichtbar – hier erfolgt nochmals, über die einzelnen Abschnitte hinaus, eine Gesamtbetrachtung des Textes.

Schritte	Konkretisierung
1. Vorausschau (**P** wie Preview)	Überfliegen Sie ein Kapitel, stellen Sie die wichtigsten Abschnitte fest, und wenden Sie dann für jeden Abschnitt die folgenden fünf Schritte an.
2. Fragen (**Q** wie Questions)	Überlegen Sie eigene Fragen oder einfacher: Formulieren Sie Abschnittsüberschriften neu in Frageform.
3. Lesen (**R** wie Read)	Lesen Sie am besten mit dem Bleistift (und Leuchtmarker) in der Hand für Randnotizen.
4. Nachdenken (**R** wie Reflex)	Machen Sie beim Lesen öfter eine Pause, und denken Sie über das Gelesene nach. Vielleicht überlegen Sie sich Beispiele. Setzen Sie den Text in jedem Fall aber zu Ihrem Vorwissen in Beziehung.
5. Wiedergeben (**R** wie Recite)	Versuchen Sie ganz einfach, die im Textabschnitt enthaltenen Informationen mit eigenen Worten wiederzugeben. Beantworten Sie dabei die Fragen, die Sie sich zu dem Abschnitt überlegt haben. Wenn Ihnen nicht genug einfällt, lesen Sie einzelne Passagen noch einmal.
6. Rückblick (**R** wie Review)	Gehen Sie das Kapitel noch einmal gedanklich durch. Rufen Sie sich die wesentlichen Punkte ins Gedächtnis. Manchmal hilft es sehr, dabei das Buch einfach zuzuklappen.

Abb. 5: PQ4R-Methode; Lesehilfe – Beispiel 2

Eine dritte hilfreiche und schnelle Technik besteht darin, sofort »W«-Fragen an den Text zu richten (Abb. 6).

In den meisten Fällen werden wissenschaftliche Texte gelesen, um sie für den eigenen Zusammenhang (z. B. Abschlussarbeit) zu verwenden. Es stellen sich also weitere Fragen zur persönlichen Relevanz des Textes:

- In welchem Verhältnis steht die zentrale Aussage des Textes zu meiner eigenen Arbeit?
- Was bleibt für mich persönlich »hängen«?
- Was muss ich tun, damit ich das Wesentliche behalten kann?
- Welche inhaltlichen Aspekte kann ich konkret für meinen Schreibprozess verwenden?

Frage		Beispiele
Wer	ist der Autor?	• Beruflicher Hintergrund • Weitere Veröffentlichungen
Wann	wurde der Beitrag geschrieben?	• Zeitgenössischer Kontext? • Immer noch aktuell?
Weshalb	wurde der Beitrag geschrieben?	• Forschungsdefizit • Replik • Persönliche Erfahrungen
Was	ist das zentrale Anliegen?	• Wesentliche Ergebnisse • Zusammenfassung
Wie	kommt der Autor zu seinen Ergebnissen?	• Empirische Studien • Argumentation? Beispiele
Welche	Auswirkungen hatte der Beitrag?	• Fachdiskussion • Repliken • Rezensionen

Abb. 6: Mögliche »W«-Fragen an einen Text Lesehilfe – Beispiel 3 (vgl. Werder 1996, S. 281 f.)

Lesehilfen zur Strukturierung

Die beschriebenen Lesehilfen unterstützen beim Durcharbeiten eines Textes, sie entlasten jedoch weder vom intensiven Leseprozess selbst noch von eigenständigen Gedanken – helfen jedoch, diese zu strukturieren.

Textmarkierungen und -anmerkungen

Viele Vorschläge zu Textmarkierungen sind sehr detailliert und lenken zuweilen von der inhaltlichen Konzentration ab. Folgende Hinweise halte ich für zügig anwendbar und hilfreich, sowohl bei der Arbeit mit digitalen als auch mit analogen Texten. Dabei kann es sinnvoll sein, für Markierungen im Text (höchstens) drei unterschiedlich farbige Textmarker zu verwenden, die jeweils eine Funktion verdeutlichen:

- zentrale Begriffe (z. B. blau);
- Aufzählungen oder Beispiele (z. B. grün);
- wichtige Sachverhalte und Definitionen (z. B. gelb).

Gliederungs- und Kommentierungsaspekte

Textmarker sollten eine dezente Farbe haben. »Knallige« Farben irritieren, erschweren zuweilen auch das Lesen der markierten Wörter und sind bei Kopien sichtbar. Neben den Markierungen im Text sind Randbemerkungen wichtig (vgl. Abb. 7). Dabei ist eine Unterscheidung nach Gliederungs- und Kommentierungsaspekten hilfreich. Sofern man mit Symbolen arbeitet, sollte die Bedeutung geklärt und durchdacht sein. Der Einsatz von Textmarkierungen erfordert Übung und Routine. Ein persönliches Markierungssystem ist konsequent und einheitlich durchzuhalten – erst dann kann sich allmählich eine Routine herausbilden.

Funktion	Beispiele	mögl. Abkürzungen/Symbole
Gliederung	Einleitung	E
	These	T
	Frage	F
	Argument 1	Ag1
	Kritik	K
	Beispiele	Bsp
	Zusammenfassung	Zfg
	Zitat	Zit
	Schluss	Sch
	...	
Kommentare und Bewertungen	Widerspruch	×
	Zustimmung	✓
	Unklarheiten	?
	Wichtige Textstelle	!
	...	

Abb. 7: Textanmerkungen

Wenn Sie die Abkürzungen in Abbildung 7 (oder andere) verwenden, werden Sie merken, dass Sie über die Entscheidungsfindung (z. B.: Lässt sich dieser Absatz als »Argument« oder »Beispiel« bezeichnen?) sehr genau über die Aussagen des Autors/der Autorin nachdenken und dadurch zwangsläufig tiefere Schichten des Textes erfassen müssen. Im Übrigen gilt der Umkehrschluss: Beim Verfassen schriftlicher Texte ist es sinnvoll zu überlegen, welche Kernaussage in jedem Absatz formuliert werden soll.

Die kleinsten Bedeutungseinheiten für Textanmerkungen sind in der Regel *Absätze*, es können jedoch auch Sätze oder einzelne Begriffe sein.

Zweifellos bleiben die Inhalte eines derart detailliert durchgearbeiteten Textes gut im Gedächtnis haften. Der zeitliche Mehraufwand lohnt sich. Daher sollten Sie gut überlegen, welche Texte detailliert durchgearbeitet werden (können). Sinnvoll ist in jedem Fall die intensive Bearbeitung von Pflichtlektüren für Seminare.

Sofern man eine größere schriftliche Arbeit anfertigt (z. B. Hausarbeit, Masterarbeit) sollten diejenigen Texte derart detailliert bearbeitet werden, die zur Beantwortung der zentralen Frage herangezogen werden.

Grundformen wissenschaftlichen Schreibens

Reflektierter Wechsel der Grundformen

Grundformen (Abb. 8) wissenschaftlichen Schreibens bieten Klarheit darüber, was man eigentlich im Moment tut oder zu tun gedenkt, wenn man mit der Schreibarbeit beginnt. Der bewusste Wechsel der Grundformen belegt eine souveräne Schreibtätigkeit.

Diese Grundformen finden sich innerhalb *einer* wissenschaftlichen Arbeit (z. B. »Zusammentragen«, »Beschreiben«, »Analysieren« und »Bewerten« in einer Hausarbeit), sie verweisen zudem auf bestimmte Textsorten (z. B. »Vorschreiben« auf Handlungsanleitungen).

Erst beschreiben und analysieren, dann bewerten

Die genannten Grundformen sind zwar nicht zwangsläufig chronologisch angeordnet, allerdings ist eine gewisse Reihenfolge in der Regel sinnvoll. So sollte man einen Sachverhalt zuerst beschreiben und analysieren, bevor man ihn bewertet oder gar anderen daraus Konsequenzen nahelegt. Je nach Textsorte werden eine oder mehrere Grundformen einen höheren Stellenwert haben. Beispielsweise wird eine wissenschaftliche Arbeit nicht schwerpunktmäßig Handlungen vorschreiben, allenfalls in einem Teil des Abschlusskapitels als »Empfehlungen« oder »Praxisrelevante Hinweise für Lehrkräfte« o. Ä. Ein Gutachten oder eine Evaluationsstudie wird zahlreiche Bewertungen vornehmen. In einem Protokoll wird zusammengetragen und beschrieben.

Grundform	Erläuterung	Beispiel
Zusammentragen	Daten und Informationen zu einem Thema sammeln und zusammenstellen	Informationen zur PISA-Studie, insbesondere zu den veröffentlichten Leseaufgaben zusammentragen
Beschreiben	Einen Sachverhalt oder ein Thema darstellen	Die Zuordnung der PISA-Leseaufgaben zu bestimmten Kompetenzstufen beschreiben
Vergleichen	Zwei Sachverhalte, Themen, Aspekte gegenüberstellen und ihre Merkmale kontrastieren	Die Grundanlage der PISA-Studie mit derjenigen der IGLU-Studie vergleichen
Systematisieren	Eine innere Ordnung und Logik herstellen	Eine Hausarbeit zum Thema »Lesekompetenz in der PISA-Studie« strukturieren
Analysieren	Ein Thema in einzelne Bestandteile zerlegen, diese vertieft betrachten und Eigenschaften oder Zusammenhänge herstellen	Fragen einzelner Leseaufgaben aus der PISA-Studie und ihre Zuordnung zu den einzelnen Kompetenzstufen analysieren

Grundform	Erläuterung	Beispiel
Konstruieren	Begriffe, Zusammenhänge, Konzepte, Modelle oder Theorien in eigenen Gedankengängen entwickeln	Alternativen zu PISA-Mathematikaufgaben formulieren, denen andere oder ergänzenden Theorien zugrunde liegen.
Interpretieren	Die (tiefere) Bedeutung eines Gegenstandes ergründen; einen Gegenstand hinterfragen und verstehen	Eine Ergebnisgrafik aus der PISA-Studie interpretieren (z. B. zum sozialen Gradienten der Lesekompetenz)
Argumentieren	Unterschiedliche Positionen gegenüberstellen, begründen und argumentativ gewichten	Konsequenzen aus der PISA-Studie des Realschulverbandes und des Gesamtschulverbandes gegenüberstellen und gewichten.
Bewerten	Einen Sachverhalt vor dem Hintergrund eines bestimmten Maßstabes (z. B. Werte oder Kriterien) einordnen	Die Stellungnahmen beider Verbände auf dem Hintergrund der veröffentlichten PISA-Ergebnissen bewerten
Vorschreiben	Handlungsleitende Anweisungen erteilen	Empfehlungen zur Veränderungen der Stellungnahme an beide Verbände formulieren

Abb. 8: Grundformen wissenschaftlichen Schreibens (ver. n. Kruse 1994, S. 69)

Exzerpt

gründliche Textbearbeitung

Weshalb exzerpieren? Exzerpieren ist zeitaufwendig und anstrengend. Durch das intensive »Durcharbeiten« des Textes bleibt dieser besser im Gedächtnis haften. Dies muss sich nicht immer auf die gesamte Textaussage beziehen, zuweilen sind es auch einzelne Elemente, z. B. Argumentationsmuster, Definitionen, Zitate, Grafiken, Zusammenhänge, die man besonders in Erinnerung behält. Über sorgfältiges Exzerpieren wird der Text intensiv bearbeitet – man setzt sich gründlich damit auseinander, was wiederum eine ausgezeichnete Grundlage für eigene Überlegungen und Texterstellungen ist.

Exzerpte bieten sich an, wenn der Text für den weiteren Arbeitsprozess bedeutsam ist, z. B. zur Vorbereitung eines Seminars, zur Verarbeitung in der Diplomarbeit. Die Art und Ausführlichkeit des Exzerpts hängt u. a. von der Zugänglichkeit des Materials ab: Wenn ein Buch nur schwer zugänglich ist und etwa über die Fernleihe bestellt wird, dann sollten sämtliche evtl. benötigte Textpassagen exzerpiert werden.

In der Regel kann man einen Text auf zweierlei Wegen exzerpieren. Man kann

- eine *spezifische Frage* (z. B. Was versteht der Autor unter dem Begriff der »Arbeit«) oder
- eine *allgemeine Frage* (z. B. Wovon handelt der Text? Welche zentralen Aussagen sind erkennbar?)

an den Text richten. Letztere bietet sich bei recht geringen Vorkenntnissen an. Exzerpte können schrittweise verfasst werden (Abb. 9).

1. *Überblick verschaffen*	Zunächst hält man die Gliederung des Textes schriftlich fest: Vorwort, Einleitung, Hauptteil(e), Schlusskapitel. Eventuell kann der Umfang der einzelnen Gliederungsteile (in Seiten) notiert werden. Aufgrund des Überblicks ist zumeist eine Einschätzung der Vorgehensweise möglich.
2. *Exzerpieren*	Ausgehend von der Fragestellung wird nun jeder Absatz durchgearbeitet. Zunächst ist der Inhalt des Absatzes festzuhalten (Worum geht es?), erst dann ist eine schärfere Betrachtung der Aussagen sinnvoll (Welche Position vertritt der Autor?). Beim Exzerpieren verwendet man eigene Worte, man übernimmt keine Textpassagen. Die Auswahl erfolgt im Hinblick auf die Fragestellung: Welchen Beitrag leisten die einzelnen Absätze zur Beantwortung der Frage?
3. *Zusammenführen/Verdichten*	Nun liegen die Gliederung und die jeweiligen Exzerpte vor. Im Idealfall entsteht ein flüssiges Gesamtbild. Brüchige Stellen werden nachgearbeitet. Möglicherweise bietet sich eine weitere Zusammenfassung an.
4. *Abschluss*	Zum Abschluss analysiert man kritisch, ob die eingangs gestellte Frage (im Sinne des Autors) auch wirklich beantwortet wurde.

Abb. 9: Exzerpieren – mögliche Schritte

hochschuldidaktischer Einsatz

Exzerpte bieten hochschuldidaktische Einsatzmöglichkeiten. Über Exzerpte können Ergebnisse kontrastierender Fragen an denselben Text zugänglich gemacht und ausgetauscht werden. Auch der Vergleich von Exzerpten, die aus derselben Frage resultieren, kann spannend und erkenntnisreich sein. Formal bietet sich die nebenstehende Struktur an (Abb. 10).

Codierung:	Standort:	Signatur:
Bibliografische Angaben:		
Exzerpt		**Kommentar/Hinweise**
Relevanz für die eigene Arbeit		
Gesamteinschätzung		

Abb. 10: Struktur eines Exzerpts

Unterscheidung zwischen inhaltlicher Wiedergabe und Kommentaren

In dieser Struktur (→Kopiervorlage K 4) erfolgt eine deutliche Unterscheidung zwischen der inhaltlichen Wiedergabe und den eigenen Kommentaren. Das sorgfältige Erfassen und Wiedergeben der originären Gedanken des Autors/der Autorin ist die entscheidende und anspruchsvolle Arbeit. Gegebenenfalls ist zusätzlich zu notieren, ob das Exzerpt unter einer bestimmten Fragestellung erfolgt oder nur ein bestimmtes Kapitel berücksichtigt wurde. In der Kommentarspalte erfolgt bereits der Blick auf den spezifischen Nutzen für die eigene Arbeit. Hier können vielfache Hinweise erfolgen: kritische Kommentare, Verweise auf wichtige Zitate, Seitenangaben, Querverweise zu anderen Büchern, Fragen etc. Die Zelle »Codierung« dient der eigenständigen Einordnung und Systematisierung des Exzerpts, z. B. alphabetisch nach Autorinnen und Autoren (z. B. Klafki 1975). Die alphabetische Anordnung kann zudem um eine Anordnung nach Bedeutung ergänzt werden (z. B. ++ = sehr hohe Bedeutung). Die Zelle »Standort« wird sich in aller Regel auf die zugänglichen Bibliotheken beziehen, es kann sich jedoch auch um ein privates Exemplar handeln.

Früher wurden Exzerpte auf Karteien oder Blättern verfasst, heute lässt sich die obige Struktur leicht in einem Literaturverwaltunsprogramm, in WORD oder in EXCEL erstellen.

Mitschrift

Inhaltliche Substanz erkennen

Während des Studiums besucht man viele Veranstaltungen, die einen Beitrag zum Studienerfolg und zur persönlichen Studienmotivation leisten. Dazu zählen insbesondere Vorlesungen, Seminare, Vorträge oder Referate. Die jeweils vorgetragenen Inhalte eröffnen ihre Bedeutung zumeist erst dann, wenn man sich auf das Gesagte einlässt und konzentriert mit- und nacharbeitet. Um diesen Sachverhalt zu pointieren: Ein aufwendig inszeniertes Referat kann inhaltlich wenig Substanz haben – ein langweilig vorgetragener Vortrag kann inhaltlich sehr fundiert sein. Es kommt also darauf an, die inhaltliche Substanz zu erkennen und diese für das eigene Studieninteresse zu nutzen. Hierfür ist eine gute Mitschrift hilfreich. Sie hat darüber hinaus noch weitere Funktionen:

- Die Aufschriebe können zur Vor- und Nachbereitung der Veranstaltung genutzt werden.
- Die Aufschriebe können für Prüfungszwecke genutzt werden.
- Der Aufschrieb erleichtert das Verständnis der Sachverhalte.
- Das, was man mit eigenen Worten notiert hat, bleibt in jedem Fall besser im Gedächtnis verankert.

Eine konzentrierte Mitschrift lohnt sich daher. Für das Verständnis ist entscheidend, auf welche Weise ein Sachverhalt durchdrungen werden kann. Das Anspruchsniveau kann gezielt erhöht werden, z. B. über (vgl. Kap. 5):

- die »Anstrengung des Begriffs«,
- den roten Faden,
- Reflexionsebenen.

Eine systematische Mitschrift erleichtert das Verständnis von Sachverhalten. Wenn der Aufschrieb routiniert und zügig erstellt werden kann, dann fällt die Konzentration auf die Inhalte leichter. Es ist schwierig, einen Hinweis für die Art und Weise des Mitschriebs zu geben, weil persönliche Präferenzen sehr unterschiedlich sind. Das beginnt bereits beim Papier (kariert, liniert, blank? Zettel, A4, Block?). Der Aufschrieb kann in vier Bereiche gegliedert werden (Abb. 11, S. 36).

Die inhaltliche Gliederung und der rote Faden sollten erfasst werden. Eine Vermischung von ③ (inhaltliche Gliederung) und ④ (weiteren Kommentaren) ist zu vermeiden, z. B. werden Kritikpunkte oder Fragen nicht direkt in die inhaltliche Mitschrift eingefügt. In jedem Studiengebiet tauchen bestimmte Begriffe wiederkehrend auf. Abkürzungen erleichtern das zügige Mitschreiben. Die Abkürzungen können durchaus subjektiv gewählt werden, sodass sie schnell einsetzbar sind. So könnten die Begriffe Pädagogik (Päd), Erziehungswissenschaft (EW), Schülerinnen

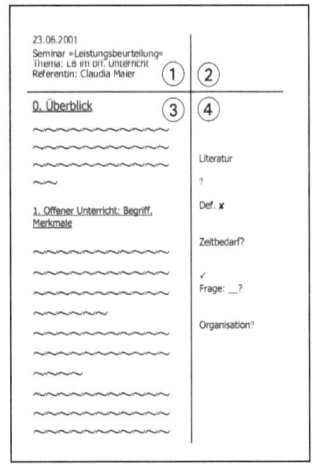

Mögliche Gliederung einer Mitschrift

und Schüler (SuS), Lehrerinnen und Lehrer (L), Eltern (E), Schule (Schu) abgekürzt werden. Quellenverweise oder Literaturangaben sollten sofort und möglichst exakt notiert werden.

Bereiche	Hinweise/Beispiele
① *Grunddaten*	• Datum • Veranstaltungsart • Thema • Person(en), z. B. Referentin
② *Seiteneinteilung*	• Rand einfügen • Seiten nummerieren
③ *Inhaltliche Gliederung*	• Hauptteil und Leitlinie beim Mitschrieb! • Versuch, den roten Faden festzuhalten
④ *Weitere und persönliche Hinweise und Kommentare*	• *am Rand notieren* (*nicht* in ③ einfügen!) • evtl. Symbole verwenden (Rahmen, ?, !) • Bemerkungen • Fragen • Literaturhinweise • Kritik

Abb. 11: Bereiche einer Mitschrift

Je konzentrierter man Zuhören kann, desto leichter fällt der Mitschrieb. Der Umkehrschluss gilt: Ein konzentrierter Mitschrieb erleichtert das Zuhören und Verfolgen des roten Fadens. Dieser rote Faden kann leichter verfolgt werden, wenn es gelingt, wichtige Äußerungen von unwichtigen zu unterscheiden (und nur die wichtigen zu notieren) und zudem einen Überblick über Ablauf und referierte Inhalte zu gewinnen und zu bewahren. Dies alles hängt natürlich entscheidend, aber eben nicht ausschließlich, von der Struktur des Vortrags selbst ab.

Exposé

Planungssicherheit

Insbesondere für Abschlussarbeiten, aber auch für Hausarbeiten, leistet ein Exposé wertvolle Dienste. Im Exposé präzisieren Sie Ihre Arbeit nachdem Sie die ersten Recherchen und Strukturierungen vorgenommen haben. Sie erhalten dadurch Planungssicherheit und sind für die Sprechstunde bei Ihrem Betreuer gut vorbereitet. Betrachten Sie das Exposé nicht als lästige und unnötige Arbeit, sondern als Unterstützung des weiteren Schreibprozesses. Die hier investierte Zeit lohnt sich. Die Wahrscheinlichkeit des Scheiterns oder Verzögerns (z. B. aufgrund falscher Zeiteinschätzung) verringert sich erheblich. Ein Exposé informiert über folgende Teilbereiche Ihrer Arbeit (Abb. 12).

Teilbereich	Beispiele/Konkretisierung
Thema	• Titel und Untertitel präzisieren, zentrale Begriffe überdenken • Abgrenzung
Anlass	• Motivation
Forschungsstand	• bisherige Recherche (Literaturrecherche abgeschlossen?) • vorläufiges Fazit
Relevante/wesentliche Literatur	• wichtige Bücher/Artikel zu ähnlichen bzw. identischen Fragestellungen • wichtige Grundlagenliteratur
Fragestellung	• welcher/n zentralen Frage/n möchten Sie nachgehen?
Methodisches Vorgehen	• Quellenzugang, Literaturrecherche, Literaturauswertung, Befragung • empirische Studien: Design; Vorgehen; Datenerhebung, -aufbereitung, -auswertung, -analyse; Folgerungen; Perspektiven
Arbeits- und Zeitplan	• zeitlicher Umfang einzelner Phasen (z. B. Recherche, Datenerhebung, Datenauswertung, Abschluss, Korrekturphase)
Weitere Ressourcen	• zusätzliche Kompetenz bzw. Beratung • Finanz- und Sachmittel • technische Ausstattung
Arbeitsgliederung	• Stand der gegenwärtigen Gliederung • geplanter Umfang der einzelnen Kapitel
Mögliche Probleme	• Quellenzugang? Zeitprobleme? Forschungsmethodische Kompetenz?

Abb. 12: Teilbereiche eines Exposés

Ihr Exposé können Sie »kritischen« Freunden und Bekannten vorlegen, insbesondere auch Kommilitoninnen und Kommilitonen, die sich mit ähnlichen Fragen und Arbeiten befassen.

4. Die zentrale Fragestellung

Studienanfängerinnen und Studienanfänger sind meistens überrascht: Weshalb ist die zentrale Fragestellung so wichtig? Genügt nicht die Festlegung eines Themas? Nein. Das Thema ist noch zu weit von einer konkreten und zu bewältigenden Vorgehensweise entfernt und zu unpräzise, um konkrete Ergebnisse zu ermöglichen. Beispielsweise kann das Thema »Beanspruchung und Belastung« von Lehrkräften interessant sein – das klärt jedoch noch nicht, um was es in einer 15-seitigen Hausarbeit gehen soll. Der Fokus könnte höchst unterschiedlich sein: Geht es um Definitionen (z. B. Gesundheit vs. Krankheit, Stress, Belastung, Beanspruchung, Burnout)? Um Merkmale der Belastung (z. B. verringerte Widerstandskraft)? Geht es um Ursachen (z. B. Unterrichtsstörungen, mangelnde Unterstützung im Kollegium)? Geht es um Folgen (z. B. für die Unterrichtsqualität oder für Schülerinnen und Schüler)? Geht es um Präventionsmaßnahmen (z. B. Supervision, Training zum Classroom Management)? Wird eine kleine empirische Studie durchgeführt (z. B. Interview mit Lehrkräften)? Um dieses Feld zu klären, einzugrenzen und die Richtung festzulegen, hilft die Formulierung von Forschungsfragen. Die zentrale Fragestellung erfüllt mehrere Funktionen, die nicht über die Wahl eines Themas geklärt sind:

- *Bezug zu Forschungsstand:* Sie »vermittelt« zwischen Forschungsstand und der eigenen Forschungstätigkeit.
- *Fokus:* Sie sorgt für den Fokus und ist damit Ausgangs- und Endpunkt des roten Fadens der Arbeit. Sie schützt vor zu breitem oder zu engem Fokus und sichert damit eine zu bewältigende und gleichzeitig erkenntnisbezogene Vorgehensweise.
- *Abgrenzung:* Sie klärt zugleich auch, was nicht im Rahmen der Studie untersucht werden soll.
- *Rahmung bzw. Konzept:* Über die Auswahl bestimmter Begriff bietet sie Informationen zum inhaltlichen und methodischen Kontext.

Im Verlauf des Studiums werden in der Regel keine umfassenden (empirischen) Forschungsarbeiten durchgeführt. Im Kontext umfassender empirischer Arbeiten ist die Klärung der Forschungsfrage äußerst wichtig und bringt frühzeitig weitere Klärungen mit sich. Die sechs Fragen von Peter Atteslander (2003, S. 24 f.), im Folgenden mit Blick auf die Intention des vorliegenden Buches leicht verändert, sind gleichwohl auch für kleinere Forschungsfragen hilfreich:

(1) Auf welchen Ausschnitt der Wirklichkeit, auf welches beobachtbare Phänomen beziehe ich mich? (z. B. Belastung von Lehrkräften, Innovationspotential eines Lehrerkollegiums)
(2) Um welche Bezugsgruppe von Menschen geht es? (z. B. Lehrkräfte, Schülerinnen und Schüler; weitere Begrenzungen: Alter, Geschlecht, sozio-kulturelle Merkmale)
(3) Welche räumlich-zeitliche Bereiche sollen erfasst werden? (z. B. Stadt, Land, Einzugsgebiet einer Schule; Schuljahr, Monat)
(4) Geht es um Ursache und Folgen oder um Einzelfragen? (z. B. Ursache von hohen Schülerleistungen in einer Schulleistungsvergleichsstudie, Kooperationsverhalten von Lehrkräften)
(5) Welche weitere Zusammenhänge sind bedeutsam? (z. B. internationale Betrachtung, weitere involvierte Disziplinen)
(6) Welche wissenschaftlichen Erkenntnisse liegen bereits vor? (z. B. geht es um Replizieren einer Studie? Sollen bislang vernachlässigte Zusammenhänge untersucht werden?)

Die letzte Frage verdeutlicht das »Pendeln« zwischen Forschungsstand, Forschungsfrage und den jeweiligen Möglichkeiten und Bedingungen. Die Forschungsfrage basiert auf dem Stand der Forschung und führt idealerweise ein Stück über ihn hinaus, indem sie einen neuen Aspekt beinhaltet. Gleichzeitig muss eine Forschungsfrage am Ende der Arbeit (Hausarbeit, Abschlussarbeit, Dissertation ...) auch substantiell, d. h. aus der eigenen Arbeit heraus, beantwortet werden können. Hypothesen helfen dabei, die Forschungsfrage abzusichern. Bei Hausarbeiten können sie als Annahmen über zu erwartende Ergebnisse formuliert werden, wobei ein Bezug zum Forschungsstand herzustellen ist (»Angesichts der Studie von XY ist zu erwarten ...«).

Zur Konkretisierung von Forschungsfragen hat Rost (2005, S. 15) eine hilfreiche Einordnung in fünf Fragengruppen vorgenommen, die im Folgenden mit Beispielen verdeutlicht werden:

- Fragen nach der Existenz, z. B.: Gibt es Lehrkräfte, die selbst aus sozial benachteiligten Familien stammen und am Gymnasium unterrichten?
- Fragen nach einer Beschreibung, z. B.: Was sind Merkmale einer erfolgreichen Klassenführung?
- Fragen nach Kovariation bzw. Zusammenhänge z. B.: Wie hängen kognitive Aktivierung und Schulleistung zusammen?
- Fragen nach der Struktur, z. B.: Aus welchen (distinkten) Merkmalen setzt sich kognitive Aktivierung zusammen?

- Fragen nach der Ursache, z. B.: Kann Schulabsenz durch das Programm XY reduziert werden? Fördert die Empathiefähigkeit von Schulleitungen die Motivation von Lehrkräften? Führen heterogene Lerngruppen zu höheren Leistungen bei leistungsstärksten Schülerinnen und Schülern?

Auf der Grundlage dieser Klärungen seien nun geeignete und weniger geeignete Forschungsfragen formuliert. Allerdings: Die Formulierung von Forschungsfragen hängt von Ressourcen und Möglichkeiten ab und kann daher erheblich variieren. Wichtig ist daher zu prüfen, ob Sie die Fragestellung mit ihren Ressourcen überhaupt beantworten können.

Beispiele weniger geeigneter Fragestellungen

- »Was ist ein wirksames Schulsystem?« (Begründung: Die Frage ist zu umfassend und nicht zu beantworten, es gibt nicht *per se* das wirksame Schulsystem. Der Begriff »wirksam« unterstellt eine Kausalität, die sich nicht belegen lässt.)
- »Was muss ein guter Lehrer können?« (Begründung: Auch diese Fragestellung ist zu umfassend und unterliegt letztlich klärungsbedürftigen normativen Vorstellungen.)
- »Wie kann man schlechte Lehrer verhindern?« (Begründung: Der Begriff »schlecht« ist problematisch und wertend, die Frage zu umfassend.)

Beispiele eher geeigneter Fragestellungen

- »Führt die Anwendung des Interventionsprogramms XY zu einer verringerten Belastung von Lehrkräften in Alltag?«; Unterfragen: »… erhöht sich die außerschulische Erholung durch das Programm XY«, »… erhöht sich die innerschulische Erholung gemessen an Pausenerholung und Erholungsphasen im Unterricht?«
- »Welche Unterschiede beinhalten die Konzepte zur Klassenführung der Autoren X, Y und Z?«
- »Welche empirisch ermittelbaren Merkmale beschreiben den Begriff › Kognitive Aktivierung‹?«

5. Umgang mit Quellen in der Wissenschaft

- Zitierung: Vorklärungen und Grundregeln
- Plagiarismus und wissenschaftliche Integrität
- Zitationsstil »Erziehungswissenschaft«
- Zitationsstil »APA«
- Glaubwürdigkeitsprüfung von Internetquellen
- Elektronische Zitierung und Literaturverwaltung
- Abschließender Hinweis zu Zitierung und Literaturrecherche

Zitierung: Vorklärungen und Grundregeln

Korrektes Zitieren ist ein mühevoller, aber absolut unvermeidbarer Teil wissenschaftlichen Arbeitens. Ohne genaue Zitierung können Aussagen nicht nachgeprüft werden. Folgende Grundregeln gelten für die Zitierung:

Grundregeln

- Wörtliche Zitate werden über Anführungszeichen kenntlich gemacht.
- Zitate werden exakt, d. h. inhaltlich und sprachlich unverändert, wiedergegeben.
- Zitate stammen aus erster Hand.
- Zitate werden nicht aus ihrem inhaltlichen Zusammenhang gerissen.
- Die Quelle wird exakt, aber auch so kurz wie möglich angegeben, die Angaben ermöglichen eine zügige Recherche.
- Veränderungen des Originaltextes (z. B. eigene Hervorhebungen) werden gekennzeichnet.
- Zitate werden gezielt eingesetzt und in den Kontext eingefügt.
- Längere Zitate werden in der Regel blockartig eingerückt, kürzere im Fließtext untergebracht.
- Die Art und Weise der Zitierung wird innerhalb eines Textes nicht verändert.
- In der Regel wird als Kurzbeleg im Text, nicht als Fußnote oder Endnote zitiert.

In jedem Fall muss korrekt, vollständig, einheitlich und mittels eines in der jeweiligen scientific community akzeptierten Formates zitiert werden.

Im Folgenden werden Hinweise für zwei Zitationsstile (und Stile der bibliografischen Angaben) vorgeschlagen. Dies ist der mittlerweile in weiten Teilen der Erziehungswissenschaft und der Bildungswissenschaften veränderten Praxis geschuldet, die zunehmend auf die Vorgaben der American Psychological Association (sog. APA-Stil) umstellt. Für Studierende ist wichtig, sich für einen Stil zu entscheiden und diesen konsequent durchzuhalten.

Plagiarismus und wissenschaftliche Integrität

Die Kritik an korrekter Zitierung bis hin zur Aberkennung von Doktortiteln bei bekannten Persönlichkeiten brachte in den vergangenen Jahren zahlreiche Plagiatsvorwürfe an die Öffentlichkeit. Plagiarismus bezeichnet geistigen Diebstahl, d. h. die auszugsweise oder vollständige Übernahme von Aussagen anderer, ohne dies kenntlich zu machen. Verschiedene wissenschaftliche Verbände verfassten daraufhin (sofern er nicht schon vorlag) einen Ethikkodex, um derartigem Missbrauch in ihrer Community zu begegnen. Beispielhaft sei der Ethikkodex der Deutschen Gesellschaft für Erziehungswissenschaft (DGfE) auszugsweise benannt.

Ethikkodex der Deutschen Gesellschaft für Erziehungswissenschaft

Präambel

Die Mitglieder der Deutschen Gesellschaft für Erziehungswissenschaft (DGfE) gehen davon aus, dass es heute keine wissenschaftliche Erkenntnis oder Lösung mehr gibt, die nicht der ethischen Reflexion ihres Wertes und ihrer Folgewirkungen bedarf. Als Konsequenz für das Handeln und Verhalten von DGfE-Mitgliedern sind daher Integrität und Lauterkeit im wissenschaftlichen Arbeitsprozess, ein fairer Umgang mit Kolleginnen und Kollegen, Mitarbeiterinnen und Mitarbeitern, Studierenden, Schülerinnen und Schülern, Praxispartnern, Forschungsprobandinnen und -probanden und sonstigen Beteiligten sowie ein verantwortungsvoller Einsatz von Ressourcen unabdingbare Voraussetzungen ethisch vertretbaren Handelns in der Erziehungswissenschaft.

Der Kodex formuliert einen Konsens über ethisches Handeln innerhalb der professionellen und organisierten Erziehungswissenschaft in Deutschland respektive für die Mitglieder der DGfE. Er dient dazu, für ethische Probleme in Theorie und Praxis der Erziehungswissenschaft zu sensibilisieren und die Mitglieder der DGfE zu ermutigen, ihr eigenes berufliches Handeln kritisch zu reflektieren. Die an Hochschulen tätigen DGfE-Mitglieder sind aufgefordert, dem wissenschaftlichen Nachwuchs und den Studierenden die hier niedergelegten Prinzipien wissenschafts- und berufsethischen Handelns zu vermitteln und sie zu einer entsprechenden Praxis anzuhalten. Zugleich schützt der Kodex vor illegitimen Anforderungen und Erwartungen, die an Forscherinnen und Forscher, Lehrende und Studierende, Probandinnen und Probanden gerichtet werden und zu ethischen Konflikte führen können. Er benennt die Grundlagen, auf denen die Arbeit des Ethik-Rates der DGfE (§6) beruht. Personen, die unter Berufung auf diesen Kodex Beanstandungen beim Ethik-Rat vorbringen, dürfen deswegen keine Benachteiligungen erfahren. Um die in der Präambel genannten Ziele zu verwirklichen, bestätigen und unterstützen die Mitglieder der DGfE den folgenden Kodex.

§ 1 Forschung

(...)

1. DGfE-Mitglieder streben in der Ausübung ihrer wissenschaftlichen Tätigkeit und ihres Berufes nach Wahrheit und Integrität. Sie verpflichten sich auf die höchstmöglichen Standards in Forschung, Lehre und beruflicher Praxis.

(...)

§ 2 Publikationen

(...)

Alle Personen, die maßgeblich zu einem Forschungsergebnis und zu seiner Publikation beigetragen haben, sind namentlich zu nennen. Die Mitglieder der DGfE verpflichten sich, strikte Ehrlichkeit im Hinblick auf die Beiträge von Partnern, Konkurrenten, Mitarbeiterinnen und Mitarbeitern sowie Vorgängern zu wahren. Sie achten das geistige Eigentum bzw. die Urheberschaft von wissenschaftlichen Ideen, Theorien, Ergebnisse und Daten, die sie im Fall einer Verwendung korrekt, vollständig und innerhalb des relevanten Sachzusammenhangs ausweisen. Verweise auf Gedanken, die in Arbeiten anderer entwickelt wurden, dürfen nicht wissentlich unterlassen werden. Die Ansprüche auf Autoren- und Autorinnenschaft und die Reihenfolge der Autoren und Autorinnen sollen deren Beteiligung am Forschungsprozess und an der Veröffentlichung abbilden. Alle im Titel einer Publikation genannten Autorinnen und Autoren tragen die volle Mitverantwortung für den veröffentlichten Text.

(...)

Dieser Ethikkodex thematisiert u. a. den korrekten Umgang mit Quellen, es geht daher auch um die korrekte Handhabung von Techniken wissenschaftlichen Arbeitens, insbesondere eine korrekte Zitierung. Vielfältige Aspekte also, die im vorliegenden Buch behandelt werden.

Eine weitergehende Klärung des Themas ist bei empirischen Studien erforderlich, denn hier sind ethische und datenschutzrechtliche Vorgaben strikt einzuhalten, insbesondere im Umgang mit Personen (z. B. bei

Datenerhebungen wie Videoaufnahmen), mit erhobenen Daten (z. B. Fragen der Archivierung) oder im Kontext der Dokumentation von Forschungsergebnissen (z. B. Anonymisierung von Einzelschulen). Bei empirischen Arbeiten ist eine gründliche Beschäftigung und detaillierte Einhaltung dieser Vorgaben unabdingbar (weitere Hinweise enthält z. B. Aeppli u. a. 2014, S. 56 ff.). Auf den Seiten »Forschungsdaten Bildung« des DIPF Frankfurt sind hilfreiche Hinweise, beispielsweise zum Erstellen von Einwilligungserklärungen enthalten: https://www.forschungsdaten-bildung.de/einwilligung. Auf den Seiten von »UK Data Service« finden Sie englischsprachige Hinweise: https://www.ukdataservice.ac.uk/manage-data/legal-ethical/consent-data-sharing.

Zitationsstil »Erziehungswissenschaft«[4]

Zitation (Stil: Erziehungswissenschaft)

Direkte Zitate

Direktes Zitat (blockartig)

Direktes Zitat (blockartig abgesetzt)
»In diesem Sinne analysiere ich Herrschaftswissen; Dogmen wollen und müssen recht behalten und das Eigentümliche an der Reformpädagogik ist, dass die sanfte Sprache dies zugleich artikulieren und verdecken kann.« (Oelkers 1996, S. 10)

Die Quellenangabe erfolgt bei einem längeren eingerückten Zitat nach dem Anführungszeichen und ohne Punkt. Anders ist es, wenn das Zitat im laufenden Text platziert ist:

Direktes Zitat (im Text)

Direktes Zitat (im laufenden Text)
Das Eigentümliche der sanften Sprache der Reformpädagogik sei, dass sie Dogmen »zugleich artikulieren und verdecken kann« (Oelkers 1996, S. 10).

Hier steht der Punkt nach der Klammer der Quellenangabe. Schließt das Zitat mit einem Fragezeichen, so bleibt dieses stehen. Am Ende des Verweises folgt dann trotzdem ein Punkt.

Innerhalb von direkten Zitaten werden prinzipiell sprachliche, grammatikalische oder orthografische Fehler übernommen, ebenso die alte Rechtschreibung. Als Autor/in kann man sich davon distanzieren bzw. dokumentieren, dass man einen (gravierenden) Fehler erkannt hat, in-

---

[4] Dem Begriff »Zitationsstil Erziehungswissenschaft« liegt kein einheitliches oder traditionell klar überliefertes Verständnis dieses Zitationsstils zugrunde. Er wurde allerdings lange vielfach in dieser oder ähnlicher Weise in der Erziehungswissenschaft verwendet.

dem man nach dem Fehler »sic!« in eckige Klammern einfügt: [sic!]. »Sic« stammt aus dem Lateinischen und bedeutet »so«.

Indirekte Zitate

Beim indirekten Zitieren (auch sinngemäßes Zitieren oder Paraphrasieren genannt) bezieht man sich auf eine Quelle, ohne diese wortwörtlich zu übernehmen. Man gibt also fremde Gedanken mit eigenen Worten wieder. Indirekte Zitate finden sich daher nicht selten in Zusammenfassungen. In der Regel wird dann der Konjunktiv verwendet. Wird eine Quelle zusammengefasst und nicht wörtlich wiedergegeben, dann dient die Abkürzung »vgl.« als Beleg dieses indirekten Zitats. Das Kürzel »s.« für »siehe« sollte Querverweisen innerhalb eines Textes oder Buches vorbehalten sein und daher nicht für indirekte Zitate verwendet werden. Drei indirekte Zitierungsweisen lassen sich unterscheiden:

Indirektes Zitat (Satzteil)

Indirektes Zitat (Beispiel 1 – Satzteil)
Die Rezeption der Reformpädagogik wurde in den vergangenen Jahrzehnten vielfach kritisiert. So lasse sich die epochale Abgrenzung nicht aufrechterhalten (vgl. Oelkers 1996, S. 27–72), die Geschichtsschreibung wolle dem mittels einer künstlichen Phaseneinteilung lediglich Orientierung bieten (vgl. Prondczynsky 1996, S. 79), der internationale Einfluss der deutschen Reformpädagogik sei anzuzweifeln (vgl. Röhrs 1991), die Auswahl der Personen sei beliebig (vgl. Grunder 1995) ...

Diese indirekten Zitate beziehen sich jeweils auf den vorherigen Satzteil, auf eine jeweils abgrenzbare Aussage. Der Quellenverweis befindet sich mitten im Satz.

Indirektes Zitat (Satz)

Indirektes Zitat (Beispiel 2 – Satz)
Die Kritik an der Rezeption der Reformpädagogik ist vielfältig. Zur Orientierung des Lehrernachwuchses dürfe die Geschichte der Reformpädagogik nicht irritieren, sondern ausschließlich sozialisieren und pragmatischen Ausbildungszwecken dienen – ein übersichtliches Dreiphasenmodell wie bei Herman Nohl liege daher nahe (vgl. Prondczynsky 1996, S. 79).

Bezieht sich der Verweis auf einen kompletten Satz, dann befindet sich das Zitat am Ende desselben (Beispiel 2). Der Quellenverweis befindet sich am Ende des Satzes, vor dem Punkt. Durch die Anordnung und sprachliche Formulierung sollte deutlich werden, dass sich der Verweis nicht auf die letzte Aussage (wie Beispiel 1) bezieht.

Indirektes Zitat (Absatz mit Konjunktiv)

(Beispiel 3a – Absatz mit zweifacher Autorennennung und mit Konjunktiv)
Besonders Jürgen Oelkers bemüht sich um die Aufarbeitung der bilderreichen und mystifizierenden Sprache der Reformpädagogik. In ihr fänden sich wiederkehrende Begriffe wie »Pädagogik vom Kinde aus« oder »das individuelle Kind«. Die sanfte Sprache der Reformpädagogik offenbare und verberge gleichermaßen den Geltungsanspruch dieser Dogmen, sie biete einen Abwehrmechanismus, weil die formulierten Postulate für gute Pädagoginnen und Pädagogen nicht anzugreifen seien. So beeinflusse die Reformpädagogik noch heute die Erziehungsmoral. (vgl. Oelkers 1996, 75–128)

Ein Quellenverweis kann sich auch auf einen Absatz beziehen, z. B. wenn man wichtige Aussagen eines anderen Buchkapitels für den eigenen Text zusammenfassen möchte (Beispiel 3a). Hier steht der Quellenverweis am Ende des Absatzes, nach dem letzten Punkt. Der Verweis bezieht sich auf die gesamte Aussage des Absatzes. Um dies noch deutlicher hervorzuheben, wird im ersten Satz des Absatzes bereits der Autor genannt, anschließend beginnt das Paraphrasieren. Mit dieser Vorgehensweise sichert man formal die Zitierung korrekt ab. Allerdings wird der Konjunktiv bei längeren Passagen künstlich und sperrig[5], seine Anwendung wird daher in der einschlägigen Literatur zum wissenschaftlichen Arbeiten nicht durchgängig empfohlen.

Alternativ könnte daher wie folgt indirekt zitiert werden:

Indirektes Zitat (Absatz ohne Konjunktiv)

Indirektes Zitieren (Beispiel 3b – Absatz mit zweifacher Autorennennung)
Besonders Jürgen Oelkers bemüht sich um die Aufarbeitung der bilderreichen und mystifizierenden Sprache der Reformpädagogik. In ihr finden sich wiederkehrende Begriffe wie »Pädagogik vom Kinde aus« oder »das individuelle Kind«. Die sanfte Sprache der Reformpädagogik offenbart und verbirgt gleichermaßen den Geltungsanspruch dieser Dogmen, sie bietet einen Abwehrmechanismus, weil die formulierten Postulate für gute Pädagoginnen und Pädagogen nicht anzugreifen sind. So beeinflusst die Reformpädagogik noch heute die Erziehungsmoral. (Vgl. Oelkers 1996, 75–128)

Hier (in diesem Beispiel 3b) wird auf den Konjunktiv verzichtet – in diesem Fall ist der einleitende Satz mit Verweis auf den zitierten Autoren unabdingbar. Den nachfolgenden Absatz kann man zudem mit einer sprachlichen Abgrenzung beginnen, z. B. »Darüber hinaus ist jedoch anzumerken ...« oder: »Andere Autor/innen hingegen ...«.

Grundsatz: Klare Abgrenzung

Als Grundsatz lässt sich festhalten: Die Abgrenzung muss genau nachvollziehbar sein, d. h., es muss immer klar sein, wer »spricht«, also wessen Gedanken aufgeführt sind: die eigenen oder die eines anderen.

---

[5] Detaillierte Beispiele beschreiben Bünting u. a. (1996, S. 95–102; zum Konjunktiv S. 234–238).

Zusammenfassend lassen sich also mindestens drei indirekte Zitierungsfälle unterscheiden. In der Regel bezieht sich der Verweis ...

- wenn er mitten in einem Satz steht, auf den vorherigen Satzteil (bzw. die vorherige Aussage),
- wenn er am Ende eines Satzes steht (vor dem Punkt), auf den vorherigen Satz,
- wenn er am Ende eines Absatzes steht (nach dem letzten Punkt des Absatzes), auf den vorherigen Absatz.

In Kombination mit dem Konjunktiv ist damit ein eindeutiger Verweis möglich.

Weitere Zitierungsfälle

Über die genannten Varianten hinaus gibt es weitere Fälle, von denen hier nur einige dargestellt sind.

mehrere Autor/innen

Bei mehr als zwei Autorinnen oder Autoren nur den ersten Namen nennen
(Stark u. a. 1998, S. 291)

Die alternativ verwendbare lateinische Bezeichnung »et al.« oder ausführlich »et alii« galt lange als veraltet, wird aufgrund zunehmender Internationalisierung jedoch wieder häufiger verwendet.

Eigene Hervorhebungen

Veränderungen (z. B. Hervorhebungen) des Originals kennzeichnen
Siegfried Uhl hingegen schränkt den Stellenwert neuer Lernverfahren ein: »Gegen die neuen Lehrverfahren ist solange nichts einzuwenden, wie sie in Maßen als Ergänzung und *Auflockerung* (Herv. t.b.) des traditionellen Unterrichts eingesetzt werden.« (Uhl 1996, S. 26)

Eigene Hervorhebungen und damit Veränderungen im Original sind in jedem Fall zu kennzeichnen. Befindet sich in einem Zitat also eine Hervorhebung, dann geht man, sofern nicht anders gekennzeichnet, von einer originären Hervorhebung aus. Um dies abzusichern, z. B. wenn die Hervorhebung herausragende Bedeutung für den Gang der eigenen Argumentation hat, kann man in Klammer hinzufügen: (Herv. im Original). Zu dieser Variante gibt es eine Alternative: Wird der Autor vor dem (hier eingerückten) direkten Zitat bereits genannt, dann kann der Verweis auch vor dem Doppelpunkt stehen.

Mehrere Verweise

Mehrere Quellenverweise chronologisch (i. d. R. aufsteigend) ordnen
(vgl. Tenorth 1981, S. 115; Harth-Peter 1994, S. 13; Oelkers 1996, S. 222)

Auch hier sind die Empfehlungen in der Literatur zum wissenschaftlichen Arbeiten nicht immer einheitlich. Manche Autorinnen und Autoren empfehlen eine alphabetische Auflistung. Die chronologische Auflistung scheint jedoch sachlich eher begründet: Dadurch zeigt sich, wer am Thema gearbeitet und möglicherweise auf Vorarbeiten aufgebaut hat und wer sich zuerst damit befasst hat.

Ausgelassene Satzteile

Ausgelassene Wörter oder Satzteile des Originals durch »...« kennzeichnen
»Kindliche Fantasie ist ... eine eigene Leistung des Kindes ..., die nicht in irgendeinem Sinne methodisch ›beigebracht‹ werden kann.« (Oelkers 1996, S. 211)

Ausgelassene Sätze

Ausgelassene Sätze des Originals durch »(...)« kennzeichnen
»Das entlastet nicht von der entscheidenden Frage, nämlich ob Reformpädagogik überhaupt eine historische Epoche gewesen ist. (...) Drei Bedingungen müssen mindestens erfüllt sein, um von einer historischen ›Epoche‹ in der Geschichte der Pädagogik sprechen zu können, die Umgrenzung ihrer Dauer, die Unterscheidbarkeit gegenüber Vorläufern und Nachfolgern sowie die Zuordnung eines bestimmten unverwechselbaren Personals.« (Oelkers 1996, S. 14)

Gelegentlich wird dabei auch eine eckige [ ] Klammer verwendet, um eine Unterscheidung von möglichen Klammern im Zitat zu ermöglichen.

weitere Zitierungsfälle

(Unvermeidbare) Zitate aus zweiter Hand durch »zit. n.« kennzeichnen
»Ich werde mich nicht einseitig einer politischen Gruppe anschließen. Wenn die Politik sich der Schule bemächtigt, zieht die Pädagogik aus. Uns geht es um das Kind und nur um das Kind.« (Freinet 1963, zit. n. Jörg 1989, S. 13)

Verweis auf höchstens zwei Seiten mittels »f«
(vgl. Oelkers 1996, S. 14 f.)

Bei Verweisen auf mehr als zwei Seiten: genaue Angaben
(vgl. Oelkers 1996, S. 14–17)

Mehrere Veröffentlichungen desselben Autors/derselben Autorin mit a, b, c etc. listen
(vgl. Jürgens 1998a, 1998b; Winter 1991a, Winter 1991b)

Bei Klassikern das Erscheinungsjahr der Erstausgabe voranstellen
(Comenius 1628/1960)

mehrfacher Verweis auf dieselbe Quelle

In vielen Büchern zum wissenschaftlichen Arbeiten wird vorgeschlagen, bei wiederholtem Verweis auf dieselbe Quelle nicht nochmals den Namen sondern »ebd.« (z. B. »ebd., S. 39«) einzufügen. Zuweilen wird sogar unterschieden zwischen »ebd.« wenn fortlaufend, d. h. mehrere Male hintereinander zitiert wird, sowie »a. a. O.« (= am angegebenen Ort), wenn mehrfach, aber nicht hintereinander diese Quelle zitiert wird. Dieses Verfahren bzw. beide Vorschläge halte ich für ungeeignet, wohl wissend, dass sie vielfach praktiziert werden. Meines Erachtens ist das Nachschlagen über eine oder mehrere Seiten hinweg nicht hilfreich, zuweilen unzumutbar. In aller Regel wird ja mehrfach auf einer Seite zitiert oder derselbe Autor wird über viele Seiten hinweg mehrfach zitiert. Die Suche wird dann mühsam. Auch beim Querlesen wird die Quellenfindung erschwert. Als einfache Alternative schlage ich vor, auch bei mehrfachem Verweis immer die Quelle zu benennen.

Literaturverzeichnis (Stil: Erziehungswissenschaft)

Grundregeln

Auch für die bibliografischen Angaben im Literaturverzeichnis gibt es einige Grundregeln:

- Die Art und Weise der Notation ist einheitlich;
- die Angaben sind korrekt und vollständig;
- die Anordnung erfolgt 1. alphabetisch (nach Name) und 2. chronologisch nach Erscheinungsdatum, beginnend mit der ältesten Arbeit;
- sämtliche zitierte Literatur und sonstige Quellen müssen enthalten sein, ebenso relevante vollständig gelesene oder quer gelesene Quellen[6].

Genaue Angaben erleichtern die Suche nach Literatur – ein einleuchtendes Argument für eine sorgfältige Notation. Die genauen Angaben stehen nicht immer auf dem Titelblatt, sondern auf dem Innentitel bzw. im Impressum einer Zeitschrift oder eines Buches. Insbesondere bei Internetrecherchen wird im Übrigen die exakte Angabe immer wichtiger. Gängige Fälle sind im Folgenden beispielhaft dargestellt und teilweise anschließend kurz erläutert (→ Kopiervorlagen K 5 und K 6).

Monografie

Monografie
Syring, M. (2017): Classroom Management. Theorien, Befunde, Fälle – Hilfen für die Praxis. Göttingen: Vandenhoeck & Ruprecht

Die Nennung des Vornamens wird nicht einheitlich gehandhabt. Insbesondere bei geschlechtsspezifischen Themen (aber nicht nur hier!) ist es von inhaltlichem Interesse, ob Männer oder Frauen argumentieren und publizieren. Zur Sicherheit kann der Vorname zunächst vollständig

---

6 Diese Vorgabe variiert allerdings. Beispielsweise ist es in Zeitschriftpublikationen immer mehr üblich, ausschließlich die zitierte Literatur anzugeben.

notiert werden. Eine Variante ist die Nennung des Vornamens bei der ersten Erwähnung im Text.

An diesem Beispiel zeigt sich, dass es wichtig ist, den Untertitel ebenfalls anzugeben. Häufig wird erst über den Untertitel klar, wovon der Text genau handelt, während die Überschrift eher sehr allgemein oder besonders originell gehalten ist. Insbesondere in Fachbüchern sind zunehmend übergreifende Begriffe im Titel enthalten, damit der Band über Suchmaschinen möglichst gut erfasst wird. Die treffendere Spezifizierung erfolgt dann im Untertitel.

Sammelband

Herausgeber eines Sammelbandes
Neumann, M./Becker, M./Baumert, J./Maaz, K./Köller, O. (Hrsg.) (2017): Zweigliedrigkeit im deutschen Schulsystem. Potenziale und Herausforderungen in Berlin. Münster und New York: Waxmann

Die Abkürzung »Hrsg.« steht in Klammer vor der Jahreszahl, die ebenfalls in Klammer eingefügt ist.

Zeitschriftenartikel

Artikel in Zeitschriften
Drewek, P. (2013): Das dreigliedrige Schulsystem im Kontext der politischen Umbrüche und des demographischen Wandels im 20. Jahrhundert. In: Zeitschrift für Pädagogik. 59. J./Heft 4, S. 508–525

Seitenzahlen sind ebenso wie in einem Beitrag für einen Sammelband vollständig anzugeben, d. h. »S. 20 ff« genügt nicht. Oft werden Jahrgang (hier abgekürzt als »Jg.«) und Heft (hier: »Heft«) nicht verbal benannt. Meines Erachtens ist dies allerdings für Studierende mit wenig Erfahrung bei der Literaturrecherche erleichternd.

Artikel in Zeitschriften – DOI
Schulze-Stocker, f./Holzberger, D./Kunina-Habenicht, O./Terhart, E./Kunter, M. (2016): »Spielen Studienschwerpunkte wirklich eine Rolle? Zum Zusammenhang von bildungswissenschaftlichen Studienschwerpunkten, selbst eingeschätzten Kenntnissen und gemessenem Wissen am Ende eines Lehramtsstudiums.« In: Zeitschrift für Erziehungswissenschaft. 19. Jg./Heft 3, S. 599–623. doi: 10.1007/s11618-016-0671-9

Beitrag im Sammelband

Beitrag in einem Sammelband
Van Ackeren, I./Kühn, S. (2017): Homogenität und Heterogenität im Schulsystem. In: Bohl, T./Budde, J./Rieger-Ladich, M. (Hrsg.): Umgang mit Heterogenität in Schule und Unterricht. Grundlagentheoretische Beiträge, empirische Befunde und didaktische Reflexionen. Bad Heilbrunn: Klinkhardt/UTB, S. 175–190

Hier wird auf einen Sammelband verwiesen. Im Anschluss an die Namen wird in Klammer »Hrsg.« eingefügt. Die Jahreszahl muss dann nicht nochmals benannt werden.

Mehrere Angaben eines Autors

Mehrere Angaben eines Autors mit Buchstaben kennzeichnen
Jürgens, E. (1995a): Die »neue« Reformpädagogik und die Bewegung Offener Unterricht. Sankt Augustin, 2. Aufl.
Jürgens, E. (1995b): Diskussion der Wirkungen Offenen Unterrichts. In: Schulmagazin 5 bis 10. 10. Jg./Heft 9, S. 76–79

Nach der (identischen) Jahreszahl wird über Kleinbuchstaben sortiert.

Auflage

Auflage am Ende angeben
Jürgens, E. (1995a): Die »neue« Reformpädagogik und die Bewegung Offener Unterricht. Sankt Augustin, 2. Aufl.

Die Angabe der Auflage ist häufig nicht einheitlich, neben der genannten Variante (am Ende) kann die Auflagenzahl auch hochgestellt vor dem Jahr angegeben werden: Jürgens, E. (^{2}1995a): Die »neue« ...

Zeitungsartikel

Artikel in einer Zeitung
Rolff, H.-G. (2002): Ein Traum von einer Lehranstalt. Mehr Freiheit und Lust am Lernen, mehr Kontrolle und Wettbewerb. Ein Blick in den Stundenplan der Zukunft. In: Die Zeit. Nr. 6/2002 vom 31.01.2002, S. 31

Der Verweis auf Zeitungen sollte in der Regel vermieden werden. Zeitungen folgen anderen als wissenschaftlichen Prinzipien. Gleichwohl kann es durchaus vorkommen, dass bestimmte Informationen nur über Zeitungen zugänglich sind, z. B. aktuelle Rankings[7].

Herausgabe einer älteren Monografie

(Neue) Herausgabe einer (älteren) Monografie
Montessori, M. (1972): Das kreative Kind. Der absorbierende Geist. hrsg. von P. Oswald und G. Schulz-Benesch. Freiburg: Herder, 10. Aufl.

Bei dieser Variante der Herausgeberschaft wird die originäre Leistung (hier: von Maria Montessori) gewürdigt und daher vorangestellt. Die Herausgeberinnen und Herausgeber treten daher »zurück« und werden

---

[7] Ein Beispiel ist die Diskussion um Konsequenzen aus der ersten PISA-Studie, die 2001 veröffentlicht wurde. Bis die ersten Fachzeitschriften die Thematik aufgenommen hatten, war die öffentliche Diskussion bereits fast vorbei. Bis dahin hatten auch zahlreiche renommierte Erziehungswissenschaftlerinnen und Erziehungswissenschaftler ihre Position über Zeitungen veröffentlicht, um die Diskussion zu beeinflussen. In diesem Fall kann es durchaus sinnvoll sein, auf Zeitungsartikel zu verweisen. Andererseits muss man darauf hinweisen, dass es auch unter renommierten Wissenschaftlerinnen und Wissenschaftlern durchaus üblich ist, über Zeitungen eher journalistisch und »privat« als sachlich und zurückhaltend – wissenschaftlich – zu argumentieren.

im Anschluss an den Originaltitel angegeben. Neben dem Hinweis »herausgegeben von« sind weitere möglich, z. B. »übersetzt von«, »eingeleitet von«, »mit Anmerkungen versehen von« oder »besorgt von«. Abkürzungen sind auch hier möglich, aber nicht zwingend.

Handelt es sich um einen Klassiker, dann kann wie bei der Zitierung das Jahr der Erstausgabe vorangestellt werden:

Klassiker

Neue Herausgabe eines Klassikers
Comenius, J.A. (1628/1960): Große Didaktik. übers. und hrsg. von A. Flitner. Düsseldorf und München: Küpper, vormals Bondi, 2. Aufl.

In mehreren Beispielen wurde bereits die Auflage angeführt. Ab der zweiten Auflage muss eine genaue Angabe erfolgen – ansonsten geht man davon aus, dass es sich um die erste Auflage handelt. Je höher die Auflagenzahl, desto häufiger erfolgt zudem eine Überarbeitung oder Erweiterung o.Ä. – auch dies ist anzugeben. Zuweilen unterscheiden sich Neuauflagen inhaltlich ganz erheblich von älteren Ausgaben und arbeiten etwa neuere Entwicklungen und Forschungsergebnisse ein.

Neuauflage

Neuauflage
Sacher, W. (2001): Leistungen entwickeln, überprüfen und beurteilen. Grundlagen, Hilfen und Denkanstöße für alle Schularten. Bad Heilbrunn: Klinkhardt, 3., überarb. und erw. Aufl.

Eine besondere Regelung gilt bei Promotionsschriften (Abk.: Diss.) und Habilitationsschriften (Abk.: Habil.). Hier sind der Ort der Annahme und der Fachbereich anzufügen:

Hochschulschriften

Hochschulschriften
Weingardt, M. (2002): »Fehler zeichnen uns aus« – Transdisziplinäre Grundlagen zur Theorie und Produktivität des Fehlers in Schule und Arbeitswelt. Tübingen: Eberhard-Karls-Universität, Fakultät für Sozial- und Verhaltenswissenschaften, Diss.

Rezension

Rezension eines Buches
Sturm, T. (2017): Rezension von: Kiel, E. (Hrsg.) (2015): Inklusion im Sekundarbereich. Stuttgart: Kohlhammer. In: EWR. 16. Jg./Heft 1. URL: http://www.klinkhardt.de/ewr/978317026385-1.html [Zugriff: 23.11.2017]

Internetquellen

Internetquelle (Buch)
Stanat, P./Böhme, K./Schipolowski, S./Haag, N. (Hrsg.) (2016): IQB-Bildungstrend 2015. Sprachliche Kompetenzen am Ende der 9. Jahrgangsstufe im zweiten Ländervergleich. Münster und New York: Waxmann. URL: https://www.iqb.hu-berlin.de/bt/BT2015/Bericht [Zugriff: 23.11.2017]

Internetquelle (Artikel)
Allmendiger, J. (03.05.2013): Bildungsgesellschaft. Über den Zusammenhang von Bildung und gesellschaftlicher Teilhabe in der heutigen Gesellschaft.
URL: https://www.bpb.de/gesellschaft/kultur/zukunft-bildung/158109/teilhabe-durch-bildung [Zugriff: 23.11.2017]

Das Datum des Artikels ist häufig nicht vermerkt. Sofern das genaue Datum ersichtlich ist, können auch Monat und Tag angegeben werden, also: Jürgens, E. (08.02.2001): Qualität (...), dies entspricht dem internationalen Standard (ISO 690-2) und wird den dynamischen Veränderungen von Internetquellen gegenüber gedruckten Werken gerecht. In internationalen Kontexten werden Daten häufig in der amerikanischen Schreibweise angegeben (z. B. 2003-01-07). Angesichts der Vergänglichkeit von Internetquellen kann es notwendig sein, wichtige Seiten auszudrucken und einer Arbeit im Anhang beizufügen. Alle Universitätsbibliotheken bieten inzwischen Hinweise zum Umgang mit Internetquellen. Gegebenenfalls sollten Sie dies mit Ihrem Betreuer oder Ihrer Betreuerin der Abschlussarbeit oder Hausarbeit besprechen.

Zitationsstil gemäß American Psychological Association (APA)[8]

Zitation (Stil: APA)

Direkte Zitate

Direktes Zitat – Beispiel am Ende eines Satzes (APA 2012, S. 171)
Confusing this issue is the overlapping nature of roles in palliative care, whereby »medical needs are met by those in the medical disciplines; nonmedical needs may be addressed by anyone on the team« (Chikai & Chaitin, 2006, p. 112).

Direktes Zitat – Beispiel in der Mitte eines Satzes (APA 2012, S. 171)
Robbins et al. (2003) suggested that the »therapists in dropout cases may have inadvertently validated parental negativity about the adolescent without adequately responding to the adolescent's needs or concerns« (p. 5431), contributing to an overall climate of negativity.

---

[8] Die folgenden Ausführungen folgen den Beispielen und Angaben der American Psychological Associaton 2012 (im Folgenden abgekürzt mit APA 2012). Der APA-Zitationsstil unterscheidet sich zum Teil deutlich vom erziehungswissenschaftlichen Zitationsstil, beispielsweise sind weitaus mehr Besonderheiten standardisiert, beispielsweise die exakt definierten Interpunktionen. Im Rahmen dieses Buches wird nur ein kleiner Teil der Vorgaben berichtet.

Direktes Zitat – Zitat mit 40 oder mehr Worten (APA 2012, S. 171)
Others have contradicted this view:
Co-Presence does not ensure intimate interaction among all group members. Consider large-scale social gatherings in which hundreds or thousands of people gather in a location to perform a ritual or celebrate an event.
In these instances, participants are able to see the visible manifestation of the group, the physical gathering, yet their ability to make direct, intimate connections with those around them is limited by the sheer magnitude of the assembly. (Purcell, 1997, pp. 111–112)

In diesem Fall wird also nicht mit Anführungszeichen zitiert, stattdessen wird das Zitat abgesetzt, eingerückt und in einen Block gesetzt.

Indirekte Zitate

Indirektes Zitat – Einzelautor (APA 2012, S. 174)
Among epidemiological samples, Kessler (2003) found that early onset social anxiety disorder results in a more potent and severe course. Kessler also found ... The study also showed that there was a high rate of comorbidity with alcohol abuse or dependence and major depression (Kessler, 2003).

Indirektes Zitat – Mehrere Autorinnen und Autoren (APA 2012, S. 175)
Kisangau, Lyaruu, Hosea, and Joseph (2007) found... [bei erster Nennung im Text]
Kisangau et al. (2007) found... [bei zweiter Nennung]
Kisangau et al. found... [bei weiterer Nennung]

In diesem Fall werden also beim ersten Mal alle Autorinnen und Autoren angegeben (allerdings nur, wenn es nicht mehr als fünf sind), anschließend nur noch der erste Autor bzw. die erste Autorin sowie in beiden Fällen »et al.«, beim zweiten Mal jedoch mit Jahreszahl, ab dem dritten Mal dann ohne Jahreszahl. Bei mehr als sechs Autorinnen und Autoren wird nur der erste Autor bzw. die erste Autorin genannt (z. B. Koenig et al., 2003).

Werden mehrere Autorinnen und Autoren im Text genannt, beispielswiese zwei mit einer Arbeit, dann wird im Text mit »and« bzw. »und« verbunden. Werden die Autorinnen und Autoren jedoch in Klammer genannt, dann ist mit »&« zu verbinden, also:

Indirektes Zitat – Verbindung mehrerer Autorinnen und Autoren (APA 2012, S. 175)
as Kurtines and Szapocnik (2003) demonstrated ... [im Text mit »and«]
as has been shown (Jörgeskog & Sörborn, 2007) ... [in Klammer mit »&«]

Indirektes Zitat – Nennung mehrerer Quellen innerhalb der Klammer (APA 2012, S. 178)
Several studies (Derryberry & Reed, 2006, 2007; Rothbart, 2003, 2004) show that ...

Weitere Zitierungsfälle

(Unvermeidbare) Zitate aus zweiter Hand mit »as cited in« kennzeichnen
Allport's diary (as cited in Nicholson, 2003) ...

Mehrere Quellennachweise nach Autoren alphabetisch sortieren
Several studies (Miller, 1999; Shafranske & Mahone, 1998) ...

Mehrere Veröffentlichungen desselben Autors/derselben Autorin mit a, b, c etc. listen
(Rothbart, 2003a, 2003b; James 2006a, 2006b)

Bei Klassikern das Erscheinungsjahr der Erstausgabe der aktuellen Ausgabe voranstellen
James (1890/1983)

Literaturverzeichnis (Stil: APA)

Monografie (APA 2012, S. 203)
Shotton, M. A. (1989). *Computer addiction? A study of computer dependency.* London, England: Tayloer & Francis.

Herausgeber eines Sammelbandes (APA 2012, S. 204)
VandenBos, G. R. (Ed.). (2007). *APA dictionary of psychology.* Washington, DC: American Psychological Associaton.

Artikel in Zeitschriften (APA 2012, S. 199)
Light, M. A. & Light, I. H. (2008). The geographic expansion of Mexican immigration in the United States and ist implications for local law enforcement. *Law Enforcement Executive Forum Journal, 8(1), 73–82.*

Artikel in Zeitschriften – DOI (APA 2012, S. 198)
Herbst-Damm, K. L. & Kulik, J. A. (2005). Volunteer support, marital status, and the survival times of terminally ill patients. *Health Psychology, 24, 225-229. doi: 10.1037/0278-6133.24.2.225*

Artikel in Zeitschriften – Online (APA 2012, S. 199)
Sillick, T. J., & Schutte, N. S. (2006). Emotional intelligence and self-esteem mediate between perceived early parental love and adult happiness. *E-Journal of Applied Psychology,* 2(2), 38-48. Retrieved from http://ojs.lib.swin.edu.au/index.php/ejap

Beitrag in einem Sammelband (APA 2012, S. 204)
Haybron, D. M. (2008). Philosophy and the science of subjective well-being. In M. Eid & R. J. Larsen (Eds.), *The science of subjective well-being* (pp. 17-43). New York, NY: Guilford Press

Zeitungsartikel (APA 2012, S. 200)
Schwartz, J. (1993, September 30). Obesity affects economic, social status. *The Washington Post*, pp. A1, A4

Rezension eines Buches (APA 2012, S. 209)
Schatz, B. R. (2000, November 17). Learning by text or context? [Review of the book *The social life of information*, by J. S. Brown & P. Duguid]. Science, 290, 1304. doi: 10.1126/science.290.5495.1304

Internetquelle (Zeitungsartikel, APA 2012, S. 200)
Brody, J. E. (2007, December 11). Mental reserves keep brain agile. *The New York Times*. Retrieved from http://wwww.nytimes.com

Internetquelle (Elektronische Version eines gedruckten Buches, APA 2012, S. 203)
Shotton, M.A. (1989). *Computer addiction? A study of computer dependency* [DX Reader version]. Retrieved from http://www.ebookstore.tandf.co.uk/html/index.asp

Glaubwürdigkeitsprüfung von Internetquellen

zunehmende Zitierung von Internetquellen

Prüfung der Internetquellen wird immer notwendiger

Die Zitierung von Internetquellen bedarf einer kurzen Betrachtung. Seit einigen Jahren nimmt die Zitierung von Internetquellen auch in der Erziehungswissenschaft beträchtlich zu (zuweilen überhand), insbesondere auch durch Studierende, die sich häufig souveräner durch das Internet bewegen als ihre Dozierenden. Allerdings vollzieht sich die erziehungswissenschaftliche Fachdiskussion größtenteils noch immer über Druckmedien und über online zugängliche Fachzeitschriften. Pointiert formuliert: Während Dozierende das Lesen von Büchern und Fachzeitschriften erwarten, präferieren Studierende die Recherche im Internet. Daraus entsteht eine Diskrepanz hinsichtlich der Erwartungen an die Seriosität und Wissenschaftlichkeit von Internetseiten. Bei der Zitierung von Internetquellen spielt die Frage der Glaubwürdigkeit daher eine große Rolle. Die Glaubwürdigkeitsprüfung von Internetquellen wird immer notwendiger – womit sich das Rechercheverhalten verändern dürfte, weil die bisher Zeit sparende Recherche über Suchmaschinen dann aufwendiger wird. Eine befriedigende Glaubwürdigkeitsprüfung ist allerdings nicht einfach, letztlich häufig deshalb, weil die notwendige Sachkenntnis fehlt.

Gleichwohl lassen sich zumindest formale Analysekriterien anwenden (vgl. Kührt 2004; → Kopiervorlage K 7):

Glaubwürdigkeitsprüfung: mögliche Analysekriterien

- Wie lauten Vor- und Nachname des Verfassers/der Verfasserin?
- Welcher Hintergrund ist zum Autor/zur Autorin bekannt (z. B. Beruf?)
- Wann wurde der Beitrag verfasst bzw. im Internet veröffentlicht?
- Wann wurde die Internetseite zuletzt aktualisiert?
- Welcher Verband, welche Organisation oder Gruppe ist für die Internetseite verantwortlich (z. B. Aktionsgruppe, staatliche Institution, Verein)?
- Welche Informationen sind über diese Organisation – über die Angaben auf der Internetseite hinaus – erhältlich?
- Welche Inhalte werden auf der Internetseite veröffentlicht (z. B. Wissenschaftliche Arbeiten, populärwissenschaftliche Darstellungen, Meinungen von Privatpersonen)?
- Ist die Domain bekannt oder leicht ermittelbar?
- Welche weiteren Links sind angegeben? Funktionieren die Links?
- Sind weitere Publikationen des Verfassers/der Verfasserin bekannt (Verlag)?
- Wie wirkt das Design der Internetseite (z. B. kommerziell)?
- Wie verhält es sich mit der inneren Qualität des Beitrags (Aktualität, Wissenschaftlichkeit, innere Logik, Ausgewogenheit, Kernaussage)?

Aus dieser Analyse heraus entsteht schließlich ein begründetes Gesamtfazit: Ist die Internetquelle glaubwürdig oder nicht?

Elektronische Zitierung und Literaturverwaltung

Literaturverwaltungsprogramme beinhalten mittlerweile eine Fülle an Funktionen. Die primäre Funktion besteht im Erfassen von bibliografischen Datensätzen, die manuell eingegeben oder über Filter importiert werden können. Sind die Daten einmal eingegeben, können sie problemlos gefunden und vielfältig genutzt werden. Sehr erleichternd ist das automatische Erstellen von Literaturverzeichnis am Ende einer wissenschaftlichen Arbeit, d. h. man verweist im Text über ein bestimmtes Format auf eine Quelle und das Programm erstellt das Literaturverzeichnis automatisch. Weitere Funktionen sind beispielsweise Arbeiten mit Volltexten wie Textauswertungen und -markierungen, Hilfen zur Strukturierung von Themen oder Teamplanungen. Bekannte Programme sind Citavi, Endnote oder Bibliometrie.

Übersichtliche Vergleiche einschlägiger Literaturverwaltungsprogramme bieten beispielsweise die TU München (https://mediatum.ub.

tum.de/1127579?show_id=1316333) oder das Max Planck Institute of Biochemistry (http://www.biochem.mpg.de/en/facilities/ivs/BibMgmt). Wikipedia enthält in mehrfachen Tabellen einen sehr umfangreichen Vergleich (https://en.wikipedia.org/wiki/Comparison_of_reference_management_software). Fast alle Universitäten bieten mittlerweile Kurse und Beratungen zur Arbeit mit Literaturverwaltungsprogrammen. Die meisten Anbieter bieten kostenlose oder preisgünstige Versionen für Studierende.

Technisch und finanziell bestehen in der Regel nur geringe Hürden für den Einsatz eines Literaturverwaltungsprogrammes. Ein Programm lohnt sich insbesondere, wenn es frühzeitig und dann systematisch und kontinuierlich genutzt wird. Dies erfordert mindestens in der ersten Zeit eine gewisse Beharrlichkeit bis die Abläufe geklärt sind. Zudem sollte die Menge der Dateneingabe auch in einem sinnvollen Verhältnis zur Nutzung der Literatur stehen: wenn fast nur Zeit für die Dateneingabe investiert wird, jedoch kaum Literatur gelesen oder verarbeitet wird, dann kann eine manuelle Eingabe der verwendeten Literatur sinnvoller sein. Grob betrachtet erscheint eine Nutzung für eine Dissertation sehr sinnvoll, für Staatsexamensarbeiten, Bachelor- oder Masterarbeiten ist die Entscheidung sicher schwieriger.

Abschließender Hinweis zu Zitierung und Literaturrecherche

sofortiges und sorgfältiges Notieren

Es ist unbedingt hilfreich und sinnvoll, die bibliografischen Angaben eines Buches oder Artikels sofort und vollständig zu notieren. Selbst dann, wenn noch nicht sicher ist, ob man die Literatur weiter nutzt. Spätere Recherchen sind mühevoll, aufwendig und zum Teil nicht mehr möglich. Hilfreich ist zudem, sich frühzeitig für eine Variante des Notierens zu entscheiden, dies erspart spätere Änderungen. Wie auch bei der Zitierung variieren die genauen Angaben. Beispielsweise wird die Jahreszahl häufig an das Ende der Angaben gesetzt, allerdings scheint die Tendenz eher dahin zu gehen, die Jahreszahl vorne zu platzieren. Dadurch wird eine schnelle Zuordnung ermöglicht, vor allem, wenn von einer Autorin/einem Autor mehrere Publikationen angegeben sind. Den neuesten Stand der Zitierung und Literaturangaben eines Faches oder Fachgebietes kann man Artikeln in führenden Fachzeitschriften entnehmen (national beispielsweise in der »Zeitschrift für Pädagogik«, international beispielsweise in »Learning and Instruction«).

6. Sprache und Stil

- Stilistische Hinweise
- Gendersensible Sprechweise: »LehrerInnen« oder »Lehrer« oder ...

Zusammenhang zwischen Sprache und Inhalt

Wissenschaftliche Sprache gilt als distanziert, neutral und sachlich. Der Duktus eines wissenschaftlichen Textes beruht auf der speziellen Fachsprache. Autorinnen und Autoren belegen ihre Aussagen mit wissenschaftlicher Argumentation (z. B. mittels empirischer Studien oder Theoriebezüge). Regeln wissenschaftlichen Schreibens können berücksichtigt werden, ohne in sprachliche Langeweile oder künstliche Distanz zu verfallen. Wissenschaftlerinnen und Wissenschaftler oder Studierende, die einen wissenschaftlichen Text verfassen, sind eher selten leidenschaftliche Poeten oder sprachliche Ästheten. Das müssen sie auch nicht sein. Zwischen Sprache und Inhalt besteht allerdings ein Zusammenhang: Der Schreibstil kann das Verständnis eines Textes erleichtern oder erschweren. Im Dienste einer wissenschaftlichen Genauigkeit und Verständlichkeit sollten sprachliche und stilistische Mittel unterstützend wirken.

Die folgenden Hinweise greifen Probleme auf, die etwa bei Haus- oder Abschlussarbeiten entstehen.

Stilistische Hinweise

Aktiv statt passiv

Nicht: Schulprogramme *werden* von Lehrkräften *entwickelt*. Sondern: Lehrkräfte entwickeln Schulprogramme. Begründung: Die aktive Form ist zumindest bei aktiv handelnden Personen gängig.

Substantivierung vermeiden

Nicht: Unter Vermeidung von. Sondern: vermeiden.
Nicht: Es besteht die Möglichkeit, am Samstag von der Ausleihe Gebrauch zu machen. Sondern: Samstags ist die Bibliothek ebenfalls geöffnet. Bücher können Sie zu den normalen Bedingungen ausleihen.
Nicht: Er führt eine Beratung durch. Sondern: Er berät.

Schachtelsätze vermeiden

Ein Beispiel: Geradezu ein Meister der Schachtelsätze ist der Psychologe Klaus Holzkamp[9]:

> *»Die damit benannten Schwierigkeiten sind möglicherweise leichter zu bewältigen, wenn man sich den Umstand in höherem Grade bewusst macht und in den Konsequenzen bedenkt, dass den jeweils unterschiedlichen Formen der Schullaufbahn-Organisation eine demgegenüber (relativ) invariante, die ›Schule‹, wie wir sie hier und heute vorfinden, als solche charakterisierende ›Struktur‹ zu Grunde liegt, nämlich die Struktur des jeweils konkreten Schulgebäudes, das da und da steht, ›in‹ das man hineingehen kann, wo man dann auf bestimmte Anordnungen von Räumen, Sachen und Individuen stößt, etc. (s. u.).« (Holzkamp 1993, S. 346)*

Der Lese- und Verstehensprozess wird wesentlich erleichtert, wenn die zentrale Aussage im Hauptsatz steht. Zur Vereinfachung kann man daher versuchen, Holzkamps Aussage in mehrere Sätze zu zergliedern und die zentrale Aussage zuerst zu formulieren:

»Die Struktur des jeweils konkreten Schulgebäudes steht den unterschiedlichen Formen der Schullaufbahn-Organisation (relativ) invariant gegenüber. Diese ›Struktur‹ charakterisiert die ›Schule‹, wie wir sie hier und heute vorfinden. Das Schulgebäude steht da und da, man kann hineingehen und stößt auf bestimmte Anordnungen von Räumen, Sachen und Individuen (s. u.). Die oben benannten Schwierigkeiten sind möglicherweise leichter zu bewältigen, wenn man sich diesen Umstand in höherem Grade bewusst macht.«

Bei Verweisen auf andere Studien: Präsens oder Präteritum oder Perfekt?

Beim Verweis auf andere Studien, insbesondere beim Erfassen und Zusammenstellen des Forschungsstandes, stellt sich die Frage, in welcher Zeitform geschrieben wird. Schreibt man also beispielsweise »Wie Fend 2006 feststellte …«, »Wie Fend 2006 feststellt …« oder »Wie Fend 2006 festgestellt hat …«? Die Praxis ist hier, selbst in international renom-

---

[9] Mit der Erwähnung von Holzkamp an dieser Stelle sei keinesfalls seine wissenschaftliche Leistung im Bereich der Lernpsychologie infrage gestellt. Vielmehr spiegeln derartige Satzstrukturen seine ausdifferenzierten und vernetzten Gedanken wieder, die einen dementsprechend eigenen Schreibduktus entstehen lassen. In diesen Duktus findet man sich als Leser durchaus hinein, obschon er nicht als Vorbild für Studierende dienen sollte.

mierten Fachzeitschriften, unterschiedlich. Inhaltlich begründet kann hierzu Folgendes empfohlen werden: Wenn es um die Darstellung bzw. Befunde einer abgeschlossenen Studie geht, erscheint Präteritum gerechtfertigt, gerade um deutlich zu machen, dass »nur« diese eine abgeschlossene Studie gemeint ist. Beispiele: »Praetorius et al. 2013 untersuchten in ihrer Studie 38 Lehrkräfte …« oder »In her study Kunter 2005 focused on …«. Wenn es um eine abstrahierende Zusammenfassung des Forschungsstandes geht, erscheint Präsens angemessen, weil dies die zum Zeitpunkt der Verschriftlichung (jetzt!) relevante Sichtweise verdeutlicht. Beispiele: »Der Forschungsstand zum Zusammenhang von Lehrerbelastung und Unterrichtsqualität verdeutlicht insgesamt …« oder »Betrachtet man den internationalen Forschungsstand zum Thema Klassengröße …«. Denkbar ist alternativ jedoch auch die Verwendung des Perfekt (bzw. englischsprachig: present perfect), um damit den (trotz der Abgeschlossenheit der Studien) andauernden Einfluss der Studien auf die heutige Diskussion zu verdeutlichen. Beispiel: »Previous studies have shown …« oder »Dies wird auch in weiteren Studien deutlich …« oder »Mehrere Studien haben gezeigt, dass …«.

Satzverbindungen

Zur inhaltlich kohärenten Verbindung von Sätzen und Satzteilen dienen sprachliche Bindemittel, die unterschiedlichen Logiken folgen:

- Funktion und Zweck: hierfür, damit, um zu, dafür …
- Ähnlichkeiten: gleichermaßen, ebenso, sowie, daneben …
- Gegensätze: jedoch, dennoch, obwohl, hingegen, in Gegensatz zu …
- Bedingungen und Folgen: demnach, ursächlich, kausal, wegen, aufgrund, vorausgesetzt …

Präzision statt Allgemeinplätzchen

Nicht: Wie wir seit PISA wissen…; stattdessen: Im Bereich der mathematischen Kompetenz hat sich die Leistung der deutschen Schülerinnen und Schüler zwischen 2000 und 2009 leicht positiv verbessert (Frey u. a. 2010, S. 171 ff.) …

Absatzbezogene Präzision

Jeder Absatz sollte einem klaren Gedankengang vorbehalten sein: Was genau soll mit diesem Absatz ausgesagt werden? Lässt sich der Kerngedanke präzisieren? Was ist der Beitrag zur Fragestellung bzw. zum roten Faden der Arbeit?

Übertreibungen vermeiden

Vermeiden Sie übertriebene oder einseitige Aussagen, insbesondere, wenn Sie allgemein formuliert sind und nicht mit seriösen Quellen belegt werden können. Beispiele: »Das miserable Abschneiden Deutschlands bei den PISA-Studien …«; »Der Lehrerberuf ist extrem belastend …«

»Ich« oder »wir« oder »man« oder »der Verfasser«?

Tendenz: »ich« statt »der Verfasser«

zurückhaltender Einsatz

Hier konnte ich in den letzten Jahren eine klare Einwicklung von »wir« bzw. »der Verfasser« zu »ich« feststellen. Ich empfehle, die Subjektivität eines Gedankens durch das »ich« zu verdeutlichen. »Wir« täuscht eine unklare Macht und Kooperation im Hintergrund vor. So gewinnt man etwa bei Veröffentlichungen den Eindruck, hinter der Arbeit stünde eine ganze Forschergruppe – benannt ist jedoch nur ein Autor oder eine Autorin. »Der Verfasser« wirkt künstlich neutral und distanziert, als ob fremde Gedanken die eigene Feder lenken würden. Allerdings sollte das »ich« nicht zu häufig vorkommen, das würde eingebildet wirken, sondern sollte wichtigen Positionsbeschreibungen und Bewertungen vorbehalten bleiben. Banalitäten oder weitgehend anerkannte Sachverhalte lassen sich anders formulieren. Negativbeispiel: »Wir sind nun der Meinung, der folgende Sentence beschreibe das Problem exakt ...« Positivbeispiel: »In dieser Frage schließe ich mich nicht der Position von XY an, sondern ...«

Gendersensible Schreibweise: »LehrerInnen« oder »Lehrer« oder ...?

Spätestens beim Schreiben wissenschaftlicher Texte taucht die Frage auf, ob bestimmte Substantive und Personengruppen in generischem Maskulin (z. B. Schüler) formuliert werden sollen oder in anderer Weise. Nacharbeiten sind aufwendig, da sie aufgrund der jeweils unterschiedlichen grammatikalischen Strukturen nicht von der Suchen & Ersetzen-Funktion des PC übernommen werden. In Fachzeitschriften werden unterschiedliche Lösungen vorgeschlagen, für die Zeitschrift für Pädagogik gilt beispielsweise folgende Vorgabe: »Die Redaktion bittet darum, in den eingereichten Manuskripten auf eine gendersensible Sprache zu achten und die ausschließliche Verwendung der männlichen Form zu vermeiden. Es bieten sich dafür verschiedene Varianten an, z. B.: LehrerInnen, Lehrer_innen, Lehrerinnen und Lehrer, Lehrkräfte, Lehrer*innen, Lehrer/innen, etc.«

(vgl. Manuskriptgestaltung: http://www.beltz.de/fachmedien/erziehungs_und_sozialwissenschaften/zeitschriften/zeitschrift_fuer_paedagogik.html).

Weshalb ist eine gendersensible Formulierung wichtig und welche Formulierungsmöglichkeiten bestehen?

Zusammenhang von Sprache und Bewusstsein

Die jüngere Diskussion um den Zusammenhang von Sprache und Bewusstsein hat in der Pädagogik (und selbstverständlich nicht nur hier) zu einer Kontroverse darüber geführt, ob der generische Maskulin eine neutrale Bezeichnung für beide Geschlechter sei. Gegnerinnen und Gegner verweisen auf die eindeutig männliche Konnotation und fordern neutrale oder geschlechtsspezifizierende Formulierungen. Wenn Sprache Bewusstsein erzeugt oder zumindest beeinflusst, dann dürfte man als Pädagoge oder Pädagogin (im jeweiligen Berufsfeld) nicht länger den generischen Maskulin verwenden, schließlich folgen pädagogische Berufe auch einem bildungstheoretisch begründeten Auftrag.

Diese Diskussionslage[10] wurde in der Erziehungswissenschaft aufgegriffen und hat zu verschiedenen Alternativen geführt:

Varianten

- Groß-I-Schreibung: SchülerInnen
- Beidnennung ausgeschrieben: Schülerinnen und Schüler
- Beidnennung mit Schrägstrich: Schüler/innen
- Generisches Femininum: Schülerinnen
- Substantiviertes Partizip Präsens: Lernende
- Gendergap: Schüler*innen oder Schüler_innen

Die letzte Variante (Gendergap) verdeutlichen eine sprachliche Möglichkeit Geschlechtsidentitäten jenseits von Mann und Frau (wie Transgender oder Intersexualität) einzubeziehen.

Mindeststandard: Fußnotenverweis

Die Wahl der Schreibweise verdeutlicht ein Bewusstsein und einen reflektierten Umgang mit Sprache. In der Erziehungswissenschaft hat sich als »Mindeststandard« inzwischen ein Fußnotenverweis etabliert: Die männliche Form ist immer noch gängig, wird jedoch häufig über Fußnoten begründet. Damit hört die Einigkeit allerdings auf, → Kopiervorlage K 8, legt davon Zeugnis ab.

Die Begründungsmuster der in dieser Kopiervorlage erwähnten Beispiele sind höchst unterschiedlich, sie offenbaren das gesamte Argumentationsspektrum. Möglicherweise sind diese Beispiele für Ihren Meinungsbildungsprozess erhellend. Allerdings seien einige Hinweise dazu erlaubt. In den Beispielen dieser Kopiervorlagen werden unterschiedliche Begründungsmuster deutlich:

---

[10] Eine allgemeine Einführung bieten Samel (2000, insb. S. 55–86) und Karmasin/Ribing (2014, S. 40 f.).

- Beispiel 1: sprachlich-politisch-soziologisch,
- Beispiel 2: hier wird nicht begründet, sondern lediglich beschrieben,
- Beispiel 3: nach Mehrheitsverhältnissen (überwiegend Frauen),
- Beispiel 4: im Hinblick auf die Textsorte (einführender Studientext),
- Beispiel 5: sprachlich (Wortungetüme vermeiden),
- Beispiel 6: emanzipatorisch-empirisch-wahrnehmungspsychologisch,
- Beispiel 7: funktionsbezogen,
- Beispiel 8: Vermeidung von Diskriminierung.

Einwände

Gegen alle Varianten gibt es Einwände, allerdings auf unterschiedlichen Ebenen. So muss schon erstaunen, wenn der empirisch belegte Einfluss von Sprache auf kognitive Vorstellungen (vgl. Literaturhinweise in Beispiel 6) zu Gunsten einer pragmatischen Lösung übergangen wird, während die Bücher, in deren Rahmen die kleine Fußnote platziert ist, als wissenschaftliche Werke gelten. Der Anspruch an das eigene Thema ist dann offensichtlich höher als derjenige an die gewählte Sprachform.

Die Begründung der durchgängig weiblichen Form (Lehrerinnen) mit Mehrheitsverhältnissen (das Kollegium bestehe mehrheitlich aus Lehrerinnen) erscheint mir problematisch. Im umgekehrten Fall müsste man sich überall dort für die männliche Form entscheiden, wo der Anteil der Männer höher ist – genau dies ist jedoch kein einleuchtendes Argument. Beispielsweise wird berechtigterweise die Forderung erhoben, auch bei einer einzigen Frau (z. B. bei Schulleitungen) beide Formen zu erwähnen, um eben festzuhalten, dass dieser Beruf nach wie vor oder eben explizit keine Männerdomäne mehr ist.

Sprachlich und grammatikalisch sind einige Fallen enthalten:

- Die Verwendung des substantivierten Partizip Präsens (»Lehrende)« ist im Plural leicht, im Singular muss man sich wieder für einen Artikel entscheiden, das Problem ist also nicht in jeder Situation gelöst.
- Die Varianten »LehrerInnen« und »Lehrer/innen« sind schriftlich erkennbar, beim Vorlesen nicht. Man kann Lesbarkeit jedoch als Kriterium für eine gute Sprache ansehen.
- Die durchgängige Verwendung der weiblichen Form (»Lehrerinnen«) kann beim Querlesen eines Buches missverstanden werden.

Mit diesen Beispielen und argumentativen Skizzen ist die Thematik angerissen – wie entscheiden Sie?

7. Instrumente zur inhaltlichen Analyse

- Ebenen pädagogischer Reflexion
- Die »Anstrengung des Begriffs«
- Der rote Faden
- Der eigenständige Beitrag
- Beschreiben, Analysieren, Interpretieren, Bewerten

Die folgenden Hinweise bieten Orientierungspunkte, um das Anspruchsniveau von wissenschaftlichen Texten oder Referaten zu analysieren und zu verbessern. Dieses Kapitel wirkt der Tendenz entgegen, die aufwendige fachlich-inhaltliche und systematische Arbeit am Thema gegenüber formalen und methodischen (z. B. die Präsentation und Gestaltung betreffenden) Aspekten zu vernachlässigen.

Ebenen pädagogischer Reflexion

Mit der in Abbildung 13 dargestellten Einteilung lässt sich die Reflexionsebene analysieren, in welcher sich ein Text oder ein Textabschnitt bewegt (vgl. als Einführung: Meyer 1997, 6. Lektion). Die folgenden Überlegungen beziehen sich auf die Schulpädagogik, können jedoch problemlos in andere Teildisziplinen der Pädagogik übertragen werden (z. B. Sozialpädagogik, Erwachsenenbildung).

Ebene	Theorietyp	Konkretisierung des Theorietyps
4	Schultheorien	Historisch-systematische Gesamtdarstellungen von Schule, Theorien schulischer Sozialisation und schulischen Handelns
3	Leitbilder- und Leitbildkritik	Empirische und systematische Entwürfe von Schule, »Schule neu denken«, Reformpädagogik
2	Schulpädagogik als Handlungswissenschaft	Ratgeber, Rezepte und Handlungsanleitungen
1	Subjektive Theorien	Alltagstheorien von Praktiker/innen
0	Unterrichts- und Schulwirklichkeit	So ist die Schule, »wirklich«

Abb. 13: Ebenen schulpädagogischer Reflexion (nach: Meyer 1997, 6. Lektion)

Ebene 0: »Wirklichkeit«

Die *Ebene »Null«* ist die Unterrichts- und Schulwirklichkeit, die es an sich nicht gibt, weil jeder sie anders wahrnimmt. Daher ist ein Verständigungsprozess über Sprache und Handeln notwendig, um zu einer (möglichst) gemeinsamen Sichtweise zu kommen. Unter der *Ebene 1* (Subjektive Theorien) seien hier die Alltagstheorien verstanden, die z. B. Lehrkräften helfen, ihren Unterrichts- und Schultag zu bewältigen. Wenn Studierende Schulen besuchen, im Unterricht hospitieren oder auf ihre Erfahrungen als Schülerin oder Schüler zurückgreifen, dann befinden sie sich zumeist auf dieser Ebene. Subjektive Theorien stellen darüber hinaus ein eigenes Forschungsgebiet dar (z. B. Groeben u. a. 1988).

Ebene 1: Subjektive Theorien

Ebene 2: Ratgeber

Ebene 2 umfasst eine Vielzahl pädagogischer Ratgeberliteratur, die in hohem Maße von Studierenden und insbesondere Lehrkräften rezipiert wird. Dieser Literatur liegt der Versuch zugrunde, Schule zu verbessern und sich dadurch auf einer Ebene zu bewegen, die für Lehrkräfte konkrete Hilfen bietet. Es geht also um eine primäre Praxisorientierung, um reflektierte Antworten auf konkrete Fragen des Unterrichts- und Schulalltags. *Ebene 3* umfasst systematische oder empirische Entwürfe von Schule oder einzelnen Aspekten. Auf dieser Ebene ist explizit ein wissenschaftlicher Anspruch gesetzt. Auf der *Ebene 4* befinden sich umfassende theoretische und historisch-systematische Gesamtdarstellungen von Schule und ihrer Entwicklung bzw. der Gesellschaft, z. B. Schultheorien, Sozialisationstheorien, Systemtheorie, Konstruktivismus.

Ebene 3: Systematische oder empirische Entwürfe

Ebene 4: Theorien

Die Grenzen der Ebenen sind selbstverständlich unscharf. In einem weiten Verständnis geht es um die Frage, was Wissenschaft für die Praxis leisten kann: Wissenschaft ist dabei nicht direkt handlungsleitend, hilft jedoch, Situationen analysieren, deuten und verstehen zu können und Konzepte zu entwickeln.

Inwiefern hilft diese Einteilung für wissenschaftliches Arbeiten an der Hochschule? Zwei Beispiele sollen dies verdeutlichen:

- Die Ebenen zeigen zunächst, welche Literatur in einer Arbeit verwendet wurde, ob also z. B. nur Ratgeberliteratur verwendet wurde, ohne darüber hinaus über deren Aussagekraft zu reflektieren.
- Eine schulische Fallstudie, z. B. im Rahmen einer Hospitation, kann über Theorieentwürfe (z. B. zu Organisationstheorien) analysiert werden und die Aussagen der beteiligten Lehrerin bestätigen.

Reflektierter Wechsel der Ebenen

Ein bewusster und mit argumentativer Substanz versehener Wechsel der Ebenen zeigt einen souveränen Umgang mit der Thematik.

Die »Anstrengung des Begriffs«

Die Sorgfalt einer wissenschaftlichen Arbeit zeigt sich insbesondere im Umgang mit den verwendeten (zentralen) Begriffen – die »Anstrengung des Begriffs« (Kant). In jeder Arbeit werden wichtige Begriffe häufig verwendet. Mindestens diese Begriffe sollten einer »Anstrengung« unterzogen werden. Abbildung 14 (→ Kopiervorlage K 9) zeigt ein gut geeignetes Instrument zur Analyse von Begriffen. Dieses Instrument bereitet den roten Faden vor, ist also dem systematischen Schreiben vorangestellt. Zudem ist es als Übersicht (z. B. für Referate) und Nachweis der Strukturierung geeignet (z. B. für ein Exposé).

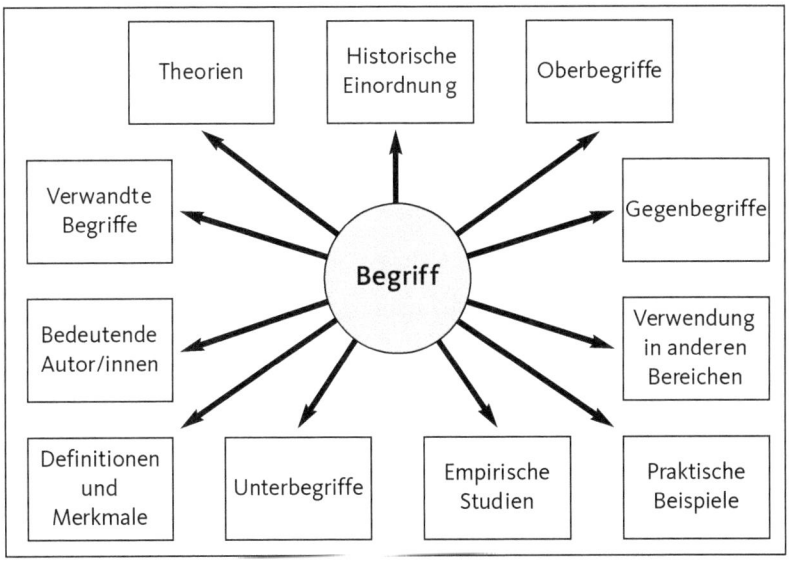

Abb. 14: Begriffsanalyse (ver. n. Emer 2000)

Die Begriffsanalyse eignet sich für die Bearbeitung von Texten. Dies sei an einem Beispiel skizziert:

Beispiel

»Schule hat den Auftrag, Schülerinnen und Schüler bei ihrer Entwicklung zu einem mündigen, selbst bestimmten, kritischen und solidarischen Verhalten zu unterstützen. Lehrkräfte leisten dazu durch ihre Vorbildwirkung und ihren Erziehungs- und Bildungsauftrag einen unentbehrlichen Beitrag.«

In diesem Satz ist ein Begriff deplatziert: der Begriff »Verhalten«. Eine historische und theoretische Analyse könnte aufzeigen, dass dieser Begriff in Anlehnung an den Behaviorismus begründet werden kann und sich auf ein lediglich äußerlich sichtbares Merkmal bezieht. Innere Prozesse und der subjektive und selbst bestimmte Charakter können damit nicht beschrieben werden. Der Begriff »Verhalten« könnte im obigen Beispiel durch den Begriff »Handeln« ersetzt werden. Dieser Begriff wäre wiederum anhand weiterer Theorien zu konkretisieren (z. B. Aebli 1980 und 1981; Leontjew 1982).

Die Annäherung an Begriffe kann zudem in einer chronologischen Abfolge schrittweise vorgenommen werden (Abb. 15).

1. **Worterklärung**	Wörtliche Übersetzung, etymologische Bedeutung
2. **Kurzdefinition**	Definieren, eingrenzen, abgrenzen
3. **Merkmale**	Weitere Konkretisierung über die Definition hinaus
4. **Historische Einordnung**	Entstehung und Bedeutungsveränderung
5. **Einordnung in ein Begriffsfeld**	Ähnliche Begriffe, Verwendung und Definition verschiedener Autoren, Verwendung in anderen Bereichen (z. B. Wirtschaft) Gegenbegriffe, Über- und Unterbegriffe
6. **Theoretische Strukturierung**	Zuordnung zu einer oder mehreren Theorien

Abb. 15: Schritte bei der Analyse von Begriffen

Über die beiden Abbildungen ist ein recht umfassender Zugang zum Thema möglich – die inhaltliche Füllung mit Substanz muss jeweils geleistet werden.

Der rote Faden

innere Stringenz und Systematik

Ausgehend von einer eingangs begründeten Fragestellung zieht sich ein roter Faden durch jede Arbeit. Er hält die Inhalte zusammen und verdeutlicht die innere Stringenz und Systematik und den durchgängigen, inhaltlichen Sinnzusammenhang. Der rote Faden kann *gliederungsbezogen* durch eine klare Struktur und Zusammenfassungen am Ende und zu Beginn von Abschnitten oder Kapiteln verdeutlicht werden. *Sprachlich* kann er über lesefreundliche An- und Überleitungen erleichtert werden (z. B. »Im Folgenden beschreibe ich ...«; »In Kap. 2 hatte ich versucht ...«, »nun möchte ich ...«, »daher ...«, »darüber hinaus ...«). *Inhaltlich* entsteht der rote Faden dann, wenn die einzelnen Abschnitte und Argumente nachvollziehbar und für den Leser/die Leserin überzeugend aufeinander aufbauen. Für jeden Absatz sollte also geklärt sein, um was es hier geht und welchen Beitrag der Absatz leistet: Was genau soll dieser Abschnitt klären? Hierzu zählt auch zu entscheiden, was wirklich wichtig und zentral ist und was weggelassen werden kann.

Bewegt man sich vom roten Faden relativ weit weg und möchte trotzdem einen Aspekt verdeutlichen, lässt sich ein Exkurs einfügen. Gelegentlich bietet sich eine Visualisierung der Argumentation an, die den roten Faden durch die Kapitel hindurch legt. Dazu zählen beispielsweise Mindmaps oder Strukturpläne. Derartige Visualisierungen müssen dann natürlich mit inhaltlicher Substanz gefüllt sein, sie begründen an sich noch keinen roten Faden.

Kennzeichen für den Verlust des roten Fadens und wenig sorgfältiges Arbeiten sind beispielsweise:

Verlust des roten Fadens

- Der Text verliert sich in unbedeutenden Details.
- Ein Zusammenhang zur Fragestellung ist nicht mehr erkennbar.
- Zitate oder auch Grafiken, Abbildungen oder Tabellen werden nicht systematisch im Text verortet, also erläutert und vorbereitet, sondern lediglich aneinandergereiht.
- Der Text enthält widersprüchliche Ausführungen.
- Eingangs aufgeworfene Fragen oder Thesen werden zum Ende der Arbeit nicht abschließend aufgegriffen.
- Im Rahmen empirischer Arbeiten kommt es zu einem Bruch zwischen Theorieteil und Untersuchungsteil: Der Zusammenhang ist nicht erkennbar, beispielsweise werden Interviewfragen nicht mit Bezug zu Theorien oder zum Forschungsstand entwickelt.
- Die Gliederung ist nicht einleuchtend, weil unwichtige Punkte als Überschriften deklariert sind.

Der (zeitweilige) Verlust des roten Fadens kann sich auch im Detail zeigen, wenn Zusammenhänge beschrieben sind, die inhaltlich nicht zutreffen, aber sprachlich so dargestellt werden, z. B. durch Füllwörter (daher, deshalb, aus diesem Grund, dies führt dazu ...). Der Text wirkt dann brüchig und seine innere Struktur instabil. Der Verlust des roten Fadens wird vom Leser/von der Leserin recht schnell erkannt – die Suche nach dem roten Faden ist mühsam und ärgerlich. Als Autor/Autorin hingegen denkt man fehlende Passagen und unklare Zusammenhänge möglicherweise intuitiv mit und setzt diese voraus. Daher ist es sinnvoll, den Text vorab einem »kritischen Freund« zur Korrektur vorzulegen.

Der eigenständige Beitrag

Die inhaltliche Arbeit an einem Text lässt sich in zwei Bereiche einteilen. Es kann sich um die Wiedergabe fremder Gedanken oder um einen inhaltlich eigenständigen Beitrag handeln (Abb. 16).

Wiedergabe fremder Gedanken	Einen Inhalt zusammenfassen, wiedergeben, darstellen und analysieren. Dabei bezieht man sich auf Primär- oder Sekundärliteratur. Die Tätigkeit ist eher reproduktiver Art, man gibt fremdes Gedankengut wieder.	z. B. Den Begriff »Soziale Systeme« nach Luhmann beschreiben.
Eigenständiger Beitrag	Einen eigenständigen Beitrag, eine neue Erkenntnis in Bezug auf diesen Inhalt erstellen, d. h. über den zunächst »reproduzierten« Teil »hinaustreten«.	z. B. Die Pädagogik Montessoris mit derjenigen von Helen Parkhurst vergleichen. Eigenständige Gedankengänge und Argumentationsstränge entwickeln. Einen besonderen Aspekt der Pädagogik Maria Montessoris vertieft analysieren.

Abb. 16: Wiedergabe fremder Gedanken vs. eigenständiger Beitrag

Nicht nur Darstellung eines bestimmten Inhalts

Im zweiten Bereich geht man über die originäre Quellendarstellung hinaus. Zur Vermeidung von Missverständnissen: Bereits der erste Bereich kann eine hohe Leistung darstellen, beispielsweise bei der korrekten Zusammenfassung einer umfassenden, möglicherweise in mehreren Bänden beschriebenen Theorie. Mit der Unterscheidung sei jedoch verdeutlicht, dass die Darstellung eines bestimmten Inhalts alleine nicht immer ausreicht, um den eigenständigen Beitrag in einer Arbeit zu belegen. Die Art und Weise der Bearbeitung hängt wiederum ganz entscheidend von der Fragestellung ab, die in der Einleitung einer Arbeit oder zu Beginn des Untersuchungsteils formuliert wird. Bleibt die sorgfältige Formulierung dieser Frage aus, dann erhöht sich die Wahrscheinlichkeit, dass der eigenständige Beitrag einer Arbeit unklar bleibt.

Die Darstellung eines bestimmten Inhaltes läuft gelegentlich Gefahr, in einer reinen Auflistung zu verharren. Eigenständige Gedankenleistungen können jedoch nur in einem sorgfältig formulierten Fließtext präzisiert und differenziert erläutert werden. Dabei können durchaus bzw. sollten sogar Hinweise oder Zitate von anderen Schriften berücksichtigt werden, der dargestellte Gedankengang ist jedoch eigen. Diese Überlegungen werden in der folgenden Abbildung 17 deutlich. Die Gegenüberstellung zeigt dasselbe Thema, ein Ausschnitt aus der Leistungsbeurteilung des Reformpädagogen Célestin Freinets (Fertigkeitsbescheinigungen), das auf unterschiedliche Weise in zwei Hausarbeiten dargestellt und bearbeitet wird.

Studentin A	Studentin B
»*6.3 Fertigkeitsbescheinigungen (les brevets)* • Freinet verwendet die sogenannten Fertigkeitsbescheinigungen, um Zeugnisnoten zu vermeiden. • Idee stammt von Baden-Powell, dem Gründer der Pfadfinder organisation • Freiwillige Anstrengung des Schülers (Leisten-Wollen, nicht Leisten-Müssen) • Damit er eine Fertigkeitsbescheinigung erhält, muss der Schüler ein Meisterstück anfertigen, einen theoretischen Rechenschaftsbericht abgeben, einige praktische Aufgaben lösen. • Bsp. Brevet für Erdkunde: 1. Meisterstück: Herstellung eines Reliefs, ... (...)«	*6.3. Fertigkeitsbescheinungen (les brevets)* »Ein weiteres Element der Leistungsbeurteilung bei Freinet sind seine Fertigkeitsbescheinigungen (brevets). Zunächst beschreibe ich sie, bevor ich anschließend darstelle, auf welche Weise sie die Beurteilung im Rahmen des Arbeitsplanes ergänzen und in Freinets theoretische Konzeption eingefügt werden können. Die Anforderungen an ein ›brevet‹ sind recht hoch. Die Schüler müssen dazu drei Teilprüfungen absolvieren. Der erste Teil besteht im Anfertigen eines Meisterstückes ... (...) Mit den Fertigkeitsbescheinigungen knüpft Freinet an sein Prinzip der engen Verbindung von Leben und Schule an. Dies wird durch folgendes Zitat seiner Frau Elise deutlich: ›Theoretisch wissen wir, daß die Schule nicht für Prüfungen gemacht ist, sondern zur optimalen Vorbereitung der Kinder auf das Leben‹.«

Abb. 17: Ausschnitte aus zwei Hausarbeiten zum selben Thema (Leistungsbeurteilung bei C. Freinet) – ein Vergleich (E. Freinet 1981, S. 43)

sorgfältiger Fließtext ermöglicht detaillierte Analyse

Die Studentin A. hat lediglich die einzelnen Bestandteile der Leistungsbeurteilung von Freinet aneinander gereiht. Die Studentin B. hingegen hat versucht, einen eigenständigen (Fließ-)Text zu erstellen und dadurch gleichzeitig eine inhaltliche Struktur entwickelt: Sie erläutert zunächst wie sie vorgeht, beschreibt anschließend die Merkmale und Verfahren zur Erlangung der Bescheinigungen, analysiert sie und ordnet sie in Freinets Pädagogik ein. Studentin A. wagt sich, möglicherweise aus Unsicherheit, nicht an eine eigenständige Texterstellung, sondern zieht sich, möglicherweise in der Annahme, sie beschreibe das Thema damit sachlich und distanziert – »wissenschaftlich«, auf eine reine Auflistung zurück. Der Leser muss hier selbst deuten, welche Charakteristik, welche Stärken und Schwächen, welche Relevanz die Fertigkeitsbescheinigungen Freinets haben. Mittels einer reinen Auflistung lässt sich jedoch ein eigenständiger Beitrag überhaupt nicht entwickeln, hier ist ein Fließtext notwendig, der es erlaubt, sprachlich und analytisch ins Detail zu gehen und eigene Gedankengänge sorgfältig zu beschreiben. Studentin B. eröffnet mit ihrem Zugang ein höheres Anspruchsniveau an ihren Text und belegt nebenbei einen souveränen Umgang mit der gelesenen Literatur.

Beschreiben, Analysieren, Interpretieren, Bewerten

Vier Ebenen des Schreibprozesses

Mit Beschreiben, Analysieren, Interpretieren und Bewerten sind vier Ebenen eines Denk- bzw. Schreibprozesses benannt. Die Beachtung der vier Ebenen ist sowohl bei schriftlichen Arbeiten als auch bei Referaten oder mündlichen Prüfungen wichtig; sie verdeutlicht einen reflektierten und sachlich-distanzierten Umgang mit dem Thema. Bei der folgenden Darstellung dieser vier Ebenen folge ich weitgehend Kiel (2001).

- Auf der ersten Ebene des Beschreibens werden die einzelnen Elemente des Gegenstandes und ihre Beziehung untereinander in Blick genommen: Auflisten, Benennen, Definieren. Hier werden noch nicht die Hintergründe und Ursachen dargestellt, es geht also noch nicht um die Frage nach dem »Warum?« und »Wozu?« (Kiel 2001, S. 59).
- Auf der zweiten Ebene des Analysierens dringt man vertieft in die Materie ein, beispielsweise durch »Zerlegen« einer Definition in Einzelbestandteile, die dann genauer betrachtet werden, oder durch den Vergleich unterschiedlicher Definitionen.
- Auf der dritten Ebene des Interpretierens kann man nun Schlussfolgerungen ziehen. Die Frage nach dem »Warum« verweist auf ursächliche Zusammenhänge. Die Frage nach dem »Wozu« verweist auf abschließende teleologische Überlegungen (vgl. Kiel 2001, S. 59; Spaemann/Löw 1991). Insgesamt geht es um »das Schlussfolgern und Zumessen von Bedeutung nach dem Beschreiben durch die Angabe von Gründen für Elemente und ihre Beziehungen« (Kiel 2001, S. 60). Im Kontext empirischer Forschung wird hier auch von *Erklären* gesprochen, beispielsweise wenn Ursachen für eine hohe Schulabbrecherquote benannt werden (Drinck 2013, S. 135).
- Erst auf der vierten Ebene des Bewertens werden negative oder positive Aussagen formuliert. Die Bewertung erfolgt auf dem Hintergrund eines Maßstabes, der auf dieser Ebene durchaus auch persönlicher oder normativer Art sein kann, z. B. durch Abgleichen einer Aussage mit einem bestimmten Menschenbild oder eigenen Erfahrungen, der Maßstab kann ebenso auf vorgegebenen und standardisierten Kriterien beruhen (Kiel 2001, S. 60 f.).

Beispiel

Im Folgenden seien die vier Ebenen anhand einer Ergebnisgrafik (Abb. 18) aus der PISA-Studie dargestellt.

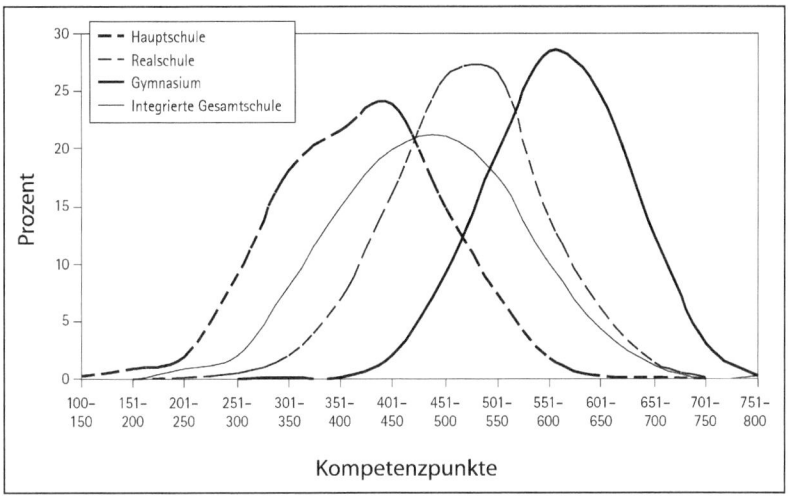

Abb. 18: Lesekompetenz nach Bildungsgang (Deutsches PISA-Konsortium 2001, S. 44)

Beschreibung

Zunächst können die einzelnen Elemente der Grafik beschrieben werden. Auf der y-Achse sind Prozentwerte abgebildet, auf der x-Achse Kompetenzpunkte, die aus einem fünfstufigen Modell zur Lesekompetenz errechnet wurden. Die vier Kurven stehen für die Leistungen von Schülerinnen und Schülern im untersuchten Bereich aus den vier Schulformen. Die *Beschreibung* könnte sich nun fortsetzen, in dem auf den Zusammenhang von Schulform und Kompetenzbereich sowie Höhe und Steilheit der Kurven und ihre Überlappungsbereiche eingegangen wird. Im Übrigen wird die Ebene des Beschreibens gerade bei Grafiken häufig vernachlässigt und vorausgesetzt, dass (z. B. im Rahmen von Referaten) die Zuhörerinnen und Zuhörer die gesamten Informationen zügig entnehmen können.

Analyse

In der Analyse könnte diese Grafik mit weiteren, ähnlichen Grafiken, beispielsweise zur mathematischen Kompetenz, zur Lesekompetenz in anderen Ländern oder mit einer früheren Grafik zur Lesekompetenz verglichen werden. Daraufhin könnten Unterschiede bzw. Veränderungen herausgearbeitet werden. Bei methodischem Interesse könnte die Entstehung der Grafik genauer betrachtet werden: Was wird unter Lesekompetenz verstanden? In welcher Weise werden Punkte den erzielten Leistungen zugeordnet?

Interpretation

Zur *Interpretation* der Grafik ist es nun notwendig, »hinter« die rein sichtbaren Informationen zu blicken. So könnte man, um die Schlussfolgerungen zu fundieren, auf ähnliche oder weitere wichtige Befunde aus anderen Studien verweisen, um anschließend mögliche Ursachen für die unterschiedlichen Kurven darzustellen. Beispielsweise ließen sich für das schwächere Leistungsbild der Hauptschülerinnen und Hauptschüler im untersuchten Bereich geringeres Selbstvertrauen, niederer Bildungsgrad der Eltern und geringe Sprachkenntnis anführen. Eine konträre (und sicher streitbare) Interpretation läge darin, das schwächere Abschneiden ursächlich begabungstheoretisch oder gar mit genetischer Anlage zu interpretieren.

Bewertung

Bei der *Bewertung* könnte man zu dem Urteil kommen, die Überlappungen der Kurven seien groß bzw. bedeutsam. Wiederum könnte eine konträre Bewertung darin bestehen, die Überlappungsbereiche als gering einzustufen.

Es sollte deutlich werden, dass die Bewertung durch vorangegangene Argumentationen sorgfältig vorbereitet wird. So wird die Bewertung der PISA-Grafik anders ausfallen, wenn man sie in ein breites Spektrum weiterer Befunde (z. B. zum Selbstvertrauen von Schülerinnen und Schülern im Bereich Lesekompetenz) einbetten kann und nicht isoliert als private Meinung kennzeichnet.

Die Unterscheidung der vier Ebenen lässt sich bei vielen anderen Gegenständen anwenden, z. B. einem Text, einem Unterrichtsprotokoll oder einem Videoausschnitt einer Unterrichtsstunde.

8. Bearbeitung von Texten in Lehrveranstaltungen

- Didaktische Überlegungen
- Variationsmöglichkeiten

Didaktische Überlegungen

notwendiger Bestandteil eines wissenschaftlichen Studiums

Die Bearbeitung von wissenschaftlichen Themen erfolgt auf der Grundlage eines bestimmen inhaltlichen Inputs. Dabei kann es sich beispielsweise um einen Film, um eine historische Quelle oder um einen Text handelt. Sehr häufig wird in Lehrveranstaltungen mit Texten gearbeitet, die Studierende zuvor über eine Lernplattform, z. B. Moodle oder ILIAS, heruntergeladen hatten. Die Bearbeitung der Texte ermöglicht eine intensive Auseinandersetzung mit einem Gegenstand, sie ist notwendiger Bestandteil des wissenschaftlichen Studiums.

Die Bearbeitung von Texten erfolgt in mindestens drei Phasen: Arbeitsauftrag, Bearbeitung, Auswertung.

Arbeitsauftrag

Guter Arbeitsauftrag

Der Dozent/die Dozentin oder auch Studierende (z. B. wenn die Textarbeit im Rahmen von Referaten erfolgt) formuliert den Arbeitsauftrag – ein anspruchsvolles Unterfangen, das vorentscheidend für den weiteren Seminarverlauf ist. Ein guter Arbeitsauftrag beinhaltet folgende Aspekte:

- Einordnung des Arbeitsauftrags in Gesamtthema der Veranstaltung
- Hinweise zur Organisation und Methodik (Bearbeitungshinweise, Sozialform, Arbeitsform)
- Fragestellung(en) (evtl. arbeitsteilig)
- Zeitplanung (mindestens für die drei grundlegenden Phasen)
- Hinweis zur Auswertung bzw. Zusammenführung der Ergebnisse
- Umgang mit offenen Fragen und Unklarheiten (Beratungsmöglichkeiten, weitere Recherchen in Bibliothek etc.)

Der Arbeitsauftrag kann schriftlich oder mündlich erteilt werden. Sinnvoll ist eine visuelle Unterstützung (Folie, Kopie) – insbesondere dann, wenn die Textarbeit außerhalb der Veranstaltung fortgesetzt wird.

Bearbeitung

Die Teilnehmerinnen und Teilnehmer bearbeiten die Texte, d. h., sie lesen, markieren, beantworten die Fragen, machen Notizen etc. In aller Regel erfolgt mindestens der erste Teil dieser Phase als Einzelarbeit, eventuell mit arbeitsteiligen Aufgaben. Innerhalb der Bearbeitungsphase können dann die individuellen Ergebnisse zusammengeführt werden.

Auswertung

Die Ergebnisse werden zusammengeführt, z. B. in Partnerarbeit, Kleingruppenarbeit oder im Plenum. Der zeitliche Aufwand für diese Phase wird häufig unterschätzt. Wenn z. B. sechs Kleingruppen ihre Ergebnisse jeweils fünf Minuten vorstellen, dann sind mehr als 30 Minuten notwendig. Diese Phase muss keinesfalls notwendigerweise im Plenum stattfinden, sie kann ebenso (mindestens in einem ersten Teil) in Partnerarbeit oder Gruppenarbeit organisiert werden. Zum Ende dieser Phase ist in jedem Fall zu klären, wie mit offenen Fragen umgegangen wird.

Variationsmöglichkeiten

Zusammenspiel von Inhalt und Methode

Die drei Phasen lassen sich sehr unterschiedlich gestalten – womit Motivation, Kreativität und Methodenkompetenz, insbesondere jedoch auch die fachliche Tiefe erhöht werden können. Es geht also nicht um einen beliebigen und unbegründeten Methodenwechsel, sondern um ein sorgfältiges Zusammenspiel von fachlichem Gegenstand und angemessener Bearbeitung. So lässt sich ein Text nur visualisieren, wenn er eine systematische innere Struktur und Klarheit besitzt. Ein dreiminütiges Kurzreferat ist nicht bei einer ersten Konfrontation mit einem Text von Niklas Luhmann sinnvoll – möglicherweise jedoch eine Annäherung an den Text über zentrale Begriffe. Die Methode des Gruppenpuzzles ist nur geeignet, wenn der Text bzw. das Themas hinsichtlich Schwierigkeit und Umfang sinnvoll unterteilbar ist. Die folgenden Vorschläge[11] sind daher in enger Verbindung mit dem Gegenstand zu sehen und nicht beliebig einsetzbar.

---

[11] Weitere Variationen und Vertiefungen können bei Wahl/Wölfing (1995) sowie Gugel (2003 und 2004) nachgelesen werden.

Vorschlag 1: Den Text visualisieren

Visualisierung

Aus einem Text kann eine visualisierte Zusammenfassung entstehen, z. B. eine Zeitleiste zu einer chronologischen Beschreibung, ein Flussdiagramm als Abbild des forschungsmethodischen Vorgehens einer Untersuchung, eine Mindmap, um den Zusammenhang zentraler Begriffe einer Theorie zu verdeutlichen. Dieses Verfahren ist ergiebig, wenn man Unterschiede der Visualisierungen analysiert und als Anlass zur weiteren Vertiefung nutzt.

Vorschlag 2: Die Kernaussage(n) aus einzelnen Abschnitten herausarbeiten

Kernaussagen

Die Arbeit an Kernaussagen einzelner Teilkapitel oder Abschnitte ist einfacher als z. B. eine Zusammenfassung des gesamten Textes. Kapitel geben eine klare Struktur vor, die sich Schritt für Schritt erarbeiten lässt. Auch schwächere Leser/innen bzw. diejenigen mit wenig Vorwissen kommen zu einem Ergebnis.

Vorschlag 3: Ein dreiminütiges Kurzreferat vorbereiten

Kurzreferat

Eine klare Zeitvorgabe verpflichtet zu präziser Vorbereitung. Der Fokus liegt hier nicht bei einer konkreten Leseaufgabe, sondern bei der Präsentation des Ergebnisses – wie die Vorbereitung genau aussieht bzw. welche Inhalte vorgestellt werden, bleibt offen. Die Vorstellung vor dem Plenum hat einen hohen Aufforderungs- und Verbindlichkeitscharakter.

Vorschlag 4: Kärtchen mit Aufgaben vorbereiten

Aufgaben

Die Teilnehmer/innen erhalten eine konkrete Aufgabe (z. B. »Nennen Sie Kritikpunkte der Autorin an ...«), diese kann arbeitsteilig oder arbeitsgleich formuliert werden. Die stichwortartigen Antworten werden auf Kärtchen geschrieben, die dann auf einer vorstrukturierten Stellwand geordnet werden.

Vorschlag 5: Eine Frage an den Text stellen und diese selbst beantworten

eigene Frage formulieren

Diese Aufgabe differenziert automatisch: Jeder kann eine eigene Frage formulieren. Das Anspruchsniveau variiert, z. B. aufgrund unterschiedlichen Vorwissens oder unterschiedlich gründlicher Vorbereitung. Das Anspruchsniveau lässt sich mithilfe der Aufgabenstellung variieren, z. B.: »Verwenden Sie zur Beantwortung Ihrer Frage mindestens eine Quelle, die nicht im Text genannt wird.« Eine textimmanente Beantwortung genügt also nicht.

Vorschlag 6: Den Text auf (z. B.) einer Seite zusammenfassen

Zusammenfassung

Eine recht enge Grenze für die Zusammenfassung anzugeben »zwingt« die Leser/innen, genau zu überlegen, welche Inhalte wesentlich sind. Der einheitliche Umfang erleichtert die Bearbeitung in der Veranstaltung, z. B. wenn die Zusammenfassungen in Kleingruppen ausgetauscht und diskutiert werden.

Vorschlag 7: Aus dem Kern der Textaussage ein Dilemma formulieren

Dilemma

Eine oder mehrere Dilemmata eignen sich vorzüglich, um den Kern eines Themas, das sich aus der Lektüre eines Textes ergibt, offen zu legen. Diese können in Partnerarbeit oder über die Methode des Kugellagers (Innenkreis und Außenkreis) diskutiert werden. Inhaltlich eignet sich dieses Vorgehen beispielsweise bei pädagogischen oder moralischen Themen, z. B. »Wenn Sie dem Schüler K. die Note 5 geben, muss er die Klasse wiederholen – was tun Sie?«, »Sie könnten einen Anschlag verhindern, indem Sie einen Gefangenen foltern – was tun Sie?«. Diese Diskussionen eigenen sich als Einstieg in ein Thema.

Vorschlag 8: Verschiedene Aufgaben zur Auswahl stellen

Auswahl

Die Auswahl aus mehreren Optionen wirkt motivierend. Die Zusammenführung bündelt unterschiedliche Zugänge. Beispiele: 1. Option: »Formulieren und begründen Sie zwei Fragen an die Autorin des Textes.« 2. Option: »Visualisieren Sie die Struktur des Textes.« 3. Option: »Verfassen Sie ein einseitiges Abstract.«

Vorschlag 9: Gruppenpuzzle (Jigsaw-Methode)

Gruppenpuzzle

Diese Variation der Kleingruppenarbeit beruht auf einer Einteilung in Stamm- und Expertengruppen. Zunächst werden Stammgruppen gebildet. Jedes Mitglied erhält einen anderen Teil des Textes. Nun treffen sich diejenigen, die denselben Teil haben, in den Expertengruppen. In der Expertengruppe wird der Text so lange bearbeitet (gegebenenfalls entlang bestimmter Fragen), bis sich alle darin sicher fühlen – also wirkliche Expertinnen und Experten sind. Mit dieser Expertise gehen sie wieder in die Stammgruppe zurück. Hier stellen sie ihren Textteil vor, und die Gruppe erarbeitet die Gesamtstruktur und -bedeutung des Textes.

Vorschlag 10: Reziprokes Lehren

Reziprokes Lehren

Diese aus Amerika stammende Variante gibt eine Gesprächsstruktur vor, mit deren Hilfe ein Text bearbeitet werden kann (vgl. Aeschbacher 1989). Im Anschluss an die Lesephase erfolgt ein Gespräch in Gruppen. Die Teilnehmer/innen übernehmen abwechselnd die leitende Funktion. Dieses Gespräch erfolgt in vier Schritten:

(1) Der Leiter/die Leiterin formuliert Fragen, die sich aus dem Text heraus beantworten lassen (textbasierte Fragen).
(2) Der Leiter/die Leiterin fasst den Text zusammen, hierbei sind die anderen Teilnehmer/innen aufgefordert, zu ergänzen oder zu korrigieren.
(3) Der Leiter/die Leiterin arbeitet selbst offene Fragen heraus, die an die Gruppenmitglieder weitergegeben werden.
(4) Der Leiter/die Leiterin blickt über den Text hinaus nach vorne: Was könnte inhaltlich anschließen?

M.E. können die vier Schritte, insbesondere der letzte Schritt durchaus variiert werden (der letzte Schritt könnte z. B. in einer Abschlussdiskussion münden). Bei dieser Variante ist vielmehr die hohe Bedeutung des Leiters/der Leiterin entscheidend – die gerechtfertigt ist, da damit erstens Gesprächsleitungskompetenzen geschult werden und zweitens die Rolle wechselt. Reziprokes Lehren ist aus diesem Grund weniger als einmalige Variante geeignet, sondern sollte vielmehr mit denselben Teilnehmer/innen systematisch und mehrfach realisiert werden.

Vorschlag 11: Präzise Fragen vorgeben

Fragen vorgeben

Dadurch ist die zielgerichtete Bearbeitung eines Textes eher gesichert. Mögliche Fragen zur Analyse eines wissenschaftlichen Textes könnten sein: Ist die Struktur des Textes klar erkennbar und sinnvoll? Werden unterschiedliche Positionen/Theorien einbezogen? Wird die zentrale Frage/Problemstellung deutlich? Wie wird der Begriff xy definiert? Was meint die Autorin mit dem Satz xy …?

Vorschlag 12: Differenziertes Vorgehen in der Auswertungsphase

Auswertungsphase

Die Vorstellung der Arbeitsergebnisse lässt sich abwechslungsreich organisieren. Ermüdend ist es, wenn die Ergebnisse der Reihe nach vorgestellt werden. Alternativ könnte man wie folgt vorgehen:

- Eine Person stellt ihre Ergebnisse im Plenum vor, die anderen ergänzen lediglich fehlende Aspekte.
- Mehrere Teilnehmer/innen stellen ihre Ergebnisse vor – die anderen konzentrieren sich auf Übereinstimmungen und Widersprüche.
- Zu jedem Thema wird ein »Aquarium« organisiert. In diesem Setting werden kreisförmig mehrere Stühle bereitgestellt, die wechselnd besetzt werden. Dadurch kann ein Thema dynamisch diskutiert und mit jeweils neuen Beiträgen angereichert werden. Wichtig ist die Strukturierung durch einen Moderator/eine Moderatorin.

- Schriftliche Ergebnisse (z. B. Zusammenfassungen s. u.) werden in Partner- oder Kleingruppenarbeit ausgetauscht, gegengelesen und anschließend diskutiert.
- Die mündliche Vorstellung erfolgt in Partner- oder in Kleingruppenarbeit. Lediglich präzise formulierte Fragen und Diskussionsaspekte werden im Plenum besprochen. Diese Variante ist m. E. besonders effektiv und motivierend.

Der Leiter/die Leiterin sollte in der Lage sein, die Diskussion inhaltlich und methodisch zu leiten und sie in den weiteren Verlauf des Seminars zu integrieren.

9. Referate

- Ziele und Bestandteile eines Referats
- Vorbereitung
- Seminarskript
- Durchführung
- Der schriftliche Bericht (»kleine Hausarbeit«)

Ziele und Bestandteile eines Referats

Ein Referat erfordert verschiedene Fähigkeiten. Im ursprünglichen Sinne des Wortes handelt es sich bei einem Referat »lediglich« um einen Bericht, einen Vortrag. Das Wort stammt aus dem Lateinischen und bedeutet »er möge berichten«. Ich gehe hier jedoch in zweifacher Hinsicht von einem breiteren Begriff aus:

wissenschaftlicher Anspruch

- Es handelt sich nicht nur um das Reproduzieren von Texten, sondern auch um möglicherweise neue Gedanken, neue Kontexte, um ein kritisch-konstruktives, gründliches Analysieren (und evtl. Bewerten) von Inhalten. Allerdings: Zunächst sollten die Inhalte mit wissenschaftlichen Maßstäben sorgfältig durchgearbeitet und sachlich dargestellt werden. Erst anschließend ist es sinnvoll, weitere Analysen und persönliche Bewertungen und Kritikpunkte gezielt und begründet einzubringen.

Didaktischer Anspruch

- Zu jedem Referat zählen didaktische Aspekte, z. B. Umgang mit Medien, Gliederung, Teilnehmerorientierung, Erstellen von Handouts. Auch rhetorische und zwischenmenschliche Aspekte zählen dazu, z. B. verständliche Sprache, eine freundliche und teilnehmerzugewandte Mimik und Gestik oder der verbindliche Umgang mit Fragen.

Ungute Erfahrungen mit abgelesenen, langweiligen, schlechten Referaten sind kein Zufall, sondern das Resultat mangelnder Übung, falscher Einschätzung und ungenügender Vorbereitung auf Seiten des Referenten/ der Referentin sowie fehlender Unterstützung an der Hochschule. Fatalerweise wird die Fähigkeit, Referate halten zu können, an der Hochschule häufig erwartet und vorausgesetzt, und zwar von Beginn an, jedoch nur selten gefördert. Daher ist es sinnvoll und keinesfalls ein Zeichen von Schwäche, den Dozenten/die Dozentin um Beratung zu bitten oder hilfreiche Literatur einzufordern.

Eine Zusammenfassung wesentlicher Aspekte bieten die »Checkliste Referat« (→ Kopiervorlage K 14) und der »Feedback-Bogen Referat« (→ Kopiervorlage K 15).

Ziele

Ein mündliches Referat an der Hochschule verfolgt mindestens drei Ziele:

- Ein Themengebiet mit wissenschaftlichen Maßstäben bearbeiten.
- Die Kunst des Referierens üben und sich dabei verbessern.
- Den anwesenden Zuhörerinnen und Zuhörern einen Sachverhalt vermitteln.

Die notwendigen rhetorischen, methodischen, kommunikativen oder mediendidaktischen (und natürlich insbesondere fachlichen) Fähigkeiten sind zweifellos auch im späteren Berufsleben hilfreich. Ein Referat im Studium ist daher auch ein sinnvolles Übungsfeld.

Vorbereitung

Manuskript

Die Vorbereitung des Referats ist Teil des Arbeitsprozesses und wird hier nicht näher ausgeführt (vgl. Kap. 3). Folgende Bereiche sind angesprochen: Wahl eines angemessenen Themas, Möglichkeiten der Informationsbeschaffung, wissenschaftlicher Umgang mit Informationen und Texten u. a. Die Vorbereitung mündet in ein persönliches Manuskript, das dem Referat zugrunde liegt. Je nach Bedarf und Erfahrung kann das Manuskript als Powerpoint-Präsentation, als Fließtext oder stichwortartig ausformuliert sein. Grundsätzlich empfiehlt sich jedoch eine detaillierte Ausformulierung, insbesondere wenn noch ein schriftlicher Bericht erstellt wird. Die Länge des Manuskripts ist auf die verfügbare Referatszeit ausgerichtet.

Absprachen

Zur Vorbereitung zählt die Absprache mit weiteren Referent/innen, sofern es sich um ein Zweier- oder Gruppenreferat handelt. Dabei sollte die inhaltliche und organisatorische Aufteilung bekannt sein. Eine fundierte Zusammenarbeit und Vorbereitung zeigt sich im Übrigen in inhaltlichen Querverweisen und gegenseitigen Ergänzungen.

Seminarskript

Inhaltliches Grundgerüst

Zu einem Referat gehört in der Regel ein zusammenfassendes Skript, das an die Teilnehmerinnen und Teilnehmer ausgeteilt wird. Besonders empfehlenswert ist es, dieses Handout bereits in der vorherigen Sitzung auszuteilen und damit eine zielgerichtete Vorbereitung zu ermöglichen.

Das Seminarskript sollte inhaltlich den roten Faden des Referates nachzeichnen und verdeutlichen. Es ist hilfreich, dabei die Gliederung des Referates identisch zu übernehmen, sodass die Gliederung des Referenten/der Referentin mit der Gliederung der Zuhörerinnen und Zuhörer übereinstimmt. Gekürzt wird sinnvollerweise nicht bei den Überschriften oder Unterüberschriften, sondern bei den weiteren Ausführungen, d. h., es genügt, unter die Überschriften einige Stichworte oder Sätze zu formulieren, sodass man den Ausführungen gut folgen kann. Detailliertere Aufschriebe können die Teilnehmerinnen und Teilnehmer selbst erstellen. Das Skript verdeutlicht also das inhaltliche Grundgerüst und bietet damit eine Orientierung. Zudem ist mit einem guten Handout der Anspruch verfolgt, das Thema in seiner Gesamtheit darzustellen. Die Teilnehmer/innen erhalten eine in sich geschlossene und formal vollständige Zusammenfassung des Themas. Zur Vermeidung von Missverständnissen sei angefügt: Auch eine Powerpoint-Präsentation kann diese Funktion erfüllen. Da sie in der Regel jedoch eher mit Stichworten versehen ist, muss geklärt werden, ob der rote Faden differenziert genug dargestellt ist bzw. ob weitere Informationen enthalten sind, beispielsweise die folgenden methodischen Hinweise, die ein Seminarskript in der Regel enthält:

Methodische Hinweise

- eine Übersicht über den geplanten Ablauf, Zeitrahmen, Aufteilung unter den referierenden Gruppenmitgliedern;
- Arbeitsthesen;
- Fragen für die Gruppenphase;
- provokative Fragen zum Abschluss;
- Hervorhebung zentraler Aspekte.

Selbstverständlich erfüllt das Seminarpapier alle Kriterien wissenschaftlichen Arbeitens, z. B. Quellenangaben, korrekte Zitierung, vollständige Literaturangaben. Eine stichwortartige und spiegelstrichartige Auflistung verleitet zuweilen dazu, z. B. die korrekte Zitierung zu vernachlässigen. Darüber hinaus sollte das Seminarpapier folgenden formellen Ansprüchen genügen:

Formale Aspekte

- Im Kopf der ersten Seite steht der Name des Dozenten/der Dozentin, Semester, Datum, Seminartitel, Name der Referentinnen und Referenten.
- Die weitere Gliederung folgt dem persönlichen Vortragsmanuskript.
- Die inhaltlichen Ausführungen können gezielt abgeschlossen werden, z. B. mittels kurzer Zusammenfassung, provokativer oder weiterführender Fragen, Thesen oder Anleitungen für die weitere Diskussion.
- Am Ende stehen die Literaturhinweise. Hier wird die verwendete Literatur mit einem einheitlichen und vereinbarten Zitationsstil aufgeführt.

Insgesamt verdeutlicht das Seminarskript die Sorgfalt, mit der gearbeitet wurde, z. B. wird sofort erkenntlich, ob sich die referierenden Gruppenmitglieder über die Art und Ausführlichkeit ihres jeweiligen Parts verständigt haben oder ob die einzelnen Teile lediglich aneinander gefügt sind. Eine sorgfältige Literaturliste (möglichst mündlich oder schriftlich kommentiert) ist ein Indiz für eine bewusste und sorgfältige Literaturrecherche.

sparsam kopieren

Abschließend ein praktischer Hinweis: Aus ökologischen und organisatorischen Gründen genügt es m.E. vollkommen, wenn die Kopien verkleinert sind. Vier DIN-A4-Seiten passen dann auf ein Blatt (quer, je Kopierseite zwei originale Seiten, Vorder- und Rückseite), drei Folien auf eine A4-Seite. Noch sinnvoller ist es natürlich, das Seminarskript frühzeitig elektronisch verfügbar zu machen.

Durchführung

Hinweise zur Vortragstechnik und Zeitplanung

hilfreiche rhetorische Mittel

Der Sprachstil ist bei einem mündlichen Vortrag anders als bei einer schriftlichen Ausarbeitung. Nicht zuletzt sind manche Referate aus diesem Grund schwer verständlich: Während auch lange und verschachtelte, schriftlich formulierte Sätze und Textpassagen über langsames oder ggf. mehrfaches Lesen verständlich werden, sind dieselben Sätze als schnell gesprochene Teile eines Referates nicht nachvollziehbar. Folge: Die Zuhörerinnen und Zuhörer »schalten ab«. Die Sätze sollten also weder abgelesen noch von der schriftlichen Version komplett übernommen werden, sondern kurz sein. Verschachtelungen, lange Zitate, unnötige Fremdwörter und Substantivierungen sollten vermieden werden. Hilfreich sind z. B. Pausen, Wiederholungen, Veranschaulichungen über (Gegen-)Beispiele, (Zwischen-)Zusammenfassungen, vorausschauende Überblicke, Visualisierungen, Rückblicke. Dies alles gelingt relativ einfach, wenn man sich gut vorbereitet und dann lediglich Stichworte notiert – und nicht den gesamten Fließtest abliest. Pausen, die der Referent/die Referentin benötigt, kommen dem Publikum entgegen. Zuweilen können Pausen auch gezielt eingeplant werden, z. B. indem Zuhörerinnen und Zuhörer bewusst zwei Minuten zum Nachdenken erhalten und man diese Zeit auch für sich als Referent/in nutzt (z. B. um sich zu sammeln, um kurz zu reflektieren, um eine Visualisierung vorzubereiten). Das bewusste Setzen von Pausen ist im Übrigen ein äußerst wirkungsvolles rhetorisches Mittel.

Schwierig ist die genaue Zeitplanung. Selbst erfahrene Referentinnen und Referenten verschätzen sich sehr schnell. Sofern keine oder nur wenig Erfahrung mit Referaten besteht, sollte der Vortrag unbedingt eingeübt werden. Auch die Planung von aktivierenden Phasen, z. B. Gruppenarbeit, sollte organisatorisch und zeitlich durchdacht werden – diese Phasen sind nach meinen Erfahrungen extrem häufig die Ursache für große Zeitnot. Insbesondere die Auswertungsphase am Ende einer Gruppenarbeit wird leicht unterschätzt. Zwei Hinweise können hier hilfreich sein:

sorgfältige Planung der teilnehmeraktivierenden Phase ...

Für die gesamte Gruppenphase kalkuliert man ungefähr die doppelte Zeit, die man alleine bräuchte, um z. B. den Text zu lesen, Fragen zu beantworten und Ergebnisse vorzustellen.

... insbesondere der Auswertungsphase

Für die Auswertungsphase sollte exakt überlegt werden, wie viele Gruppen ihre Ergebnisse in welcher Länge vorstellen. Dies hängt davon ab, ob die Arbeitsaufträge identisch sind. Bei identischen Arbeitsaufträgen genügt es, wenn eine Gruppe (welche?) die Ergebnisse genauer vorstellt und die anderen Gruppen lediglich neue Aspekte ergänzen. Bei unterschiedlichen Arbeitsaufträgen sollte man exakte Zeitvorgaben machen – bei vier Gruppen à 5 Minuten sind bereits 20 Minuten vorbei!

Phasen und Gliederung des Referats

Ein Referat kann in verschiedene Phasen eingeteilt werden. Eine gängige Einteilung könnte so aussehen (Abb. 19).

Phasen	Erläuterung	Beispiele/Konkretisierung
1. Einstieg	Das Referat wird eröffnet, die Absicht wird dargestellt, das Vorgehen wird transparent.	• Eine persönliche Motivation beschreiben. • Thema und Ziel des Referats vorstellen. • Eine Übersicht über den Ablauf geben oder einen Advance Organizer vorstellen. • Bei mehreren Referent/innen: Aufteilung und Zusammenhänge darstellen. • Einen interessanten Aspekt als Motivation darstellen. • Den schwierigen Kern des Themas umreißen.

Phasen	Erläuterung	Beispiele/Konkretisierung
2. Hauptteil	Das Thema wird sorgfältig abgehandelt.	• Das Thema kann über unterschiedliche Gliederungen abgehandelt werden: • vom Allgemeinen zum Besonderen (deduktiv), • vom Besonderen zum Allgemeinen (induktiv), • chronologisch (in zeitlicher Abfolge), • Pro-Contra-Argumentationen, Darstellung und Diskussion mehrerer Argumente, • sachlogische und schrittweise Darstellung. • In der Regel kann in dieser Phase eine sinnvolle, gezielte und sachlich • begründete Aktivierung und Beteiligung der Teilnehmerinnen und Teilnehmer stattfinden.
3. Schlussteil	Das Referat wird beendet und abgerundet.	• Das Thema zusammenfassen. • Wesentliche Inhalte wiederholen. • Offene Fragen formulieren. • Eine persönliche Stellungnahme formulieren. • Mittels provokativer Thesen eine Diskussion anregen. • Ein Feedback zum Referat einleiten. • Die anschließende Diskussion strukturieren.

Abb. 19: Phasen eines Referats

Die Einteilung in diese Phasen erleichtert die Orientierung und lässt sich häufig sachlogisch begründen. Andererseits sollten die einzelnen Phasen keinesfalls strikt und dogmatisch eingehalten werden – sofern sich eine andere Einteilung anbietet und begründen lässt. Referate leben von gezielt ausgewählten, kreativen, motivierenden, außergewöhnlichen Elementen und nicht von der Anhäufung aller Möglichkeiten. Einige Beispiele möchte ich nennen:

motivierende Variationsmöglichkeiten

- *Interaktiver Einstieg.* Die Teilnehmerinnen und Teilnehmer können damit überrascht werden, dass zu Beginn ein Rollenspiel, eine Gruppenaufgabe o.Ä. eingeplant ist. Damit kann eine sinnvolle gemeinsame Erfahrung zugrunde gelegt werden, auf die man sich im weiteren Verlauf beziehen kann.
- *Persönliche und erfahrungsbezogene Einstiege.* Eine persönlich erlebte Situation kann Anlass zur genaueren Bearbeitung des Themas gewesen sein. Dies kann z. B. über ein kurzes Interview mit einer Lehrerin oder einem Jugendlichen erhellt werden.

- *Medieneinsatz.* Fernab von Overhead, Powerpoint, Moderatorenkärtchen oder Video können weitere Medien gezielt eingesetzt werden, z. B. Bilder, Gemälde, Fotos, historische Bände. »Gezielt« heißt, dass sie zum Thema passen und auch vertiefend verwendet werden und in den Gesamtkontext sinnvoll eingebunden sind.
- *Wechsel informierender und eigenaktiver Phasen.* Der Referent/die Referentin bietet notwendige Informationen in mehreren Kurzvorträgen an. Die Teilnehmerinnen und Teilnehmer vertiefen das Thema anschließend jeweils anhand von Übungen, Arbeitsblättern oder Texten. Das Thema wird also nicht am Stück, sondern in begründeten Teilen referiert.
- *Rezension.* Statt ein Referat zu halten, wird eine dichte Rezension mit authentischem Anspruch verfasst und vorgetragen[12].
- *Briefwechsel.* Das Thema kann als interessanter Briefwechsel inszeniert werden. So könnte ein Referat zum Thema »Organisationsentwicklung« aus der Perspektive eines Schülers, einer Lehrerin, eines kritischen Wissenschaftlers, einer Sekretärin, einer Fortbildnerin, oder eines Schulrates beleuchtet werden.

Vorschläge zur Aktivierung der Teilnehmerinnen und Teilnehmer

Wenn ein sinnvoller Zusammenhang zur inhaltlichen Struktur des Themas besteht, dient eine teilnehmerorientierte Phase der intensiven Bearbeitung des Themas und wirkt zudem motivierend. Im Blickpunkt steht demnach ein gezielter und didaktisch begründeter Methodenwechsel. Viele Varianten sind denkbar:

Beispiele

- Diskussion eines zentralen Aspektes (z. B. im Plenum, über Fishbowl, über Streitgespräch, über verteilte Rollen),
- Verfassen eines (z. B. halbseitigen) Kommentars zu einer Fragestellung mit anschließendem Austausch,
- Interpretation eines Bildes,
- Analyse eines Filmausschnittes,
- Rollenspiel und gezielte Beobachtung.

Gruppen- oder Partnerarbeit?

Nicht immer ist dabei eine Gruppenphase sinnvoll – sofern damit lediglich der methodisch progressive Charakter der didaktischen Überle-

[12] Hinweise zum Anfertigen einer Rezension beschreiben Hierdeis (2001) oder Emer (2000). Es empfiehlt sich auch, Rezensionen in einschlägigen Fachzeitschriften zu recherchieren (z. B. Zeitschrift für Pädagogik; Sozialwissenschaftliche Literatur Rundschau).

gungen belegt werden soll. Partnerarbeit ist eine häufig geeignete Sozialform, weil sie zügig organisierbar ist und gleichzeitig einen anregenden und inhaltlich vertiefenden Austausch ermöglicht.

Feedback zum Referat

Freiwillige Information aller Teilnehmer/innen über Rückmeldung

In der Regel sollte jedes Referat eine zumindest kurze Feedbackmöglichkeit beinhalten. Das Feedback (→ Kopiervorlage K 15) hat den Zweck, den Referentinnen und Referenten eine kritisch-konstruktive Rückmeldung zu geben, gleichzeitig können künftige Referierende die Verbesserungsvorschläge berücksichtigen. Ein Feedback kann wirksam und persönlich bereichernd sein. Die Rückmeldung bezieht sich auf inhaltliche und methodische Aspekte des Referats, sie kann mündlich oder schriftlich formuliert werden. Bei schriftlicher Rückmeldung hat es sich bewährt, wenn die Referent/innen in der folgenden Sitzung einen Überblick über die erhaltene Rückmeldung geben – wichtig dabei ist, dass die Referent/innen selbst entscheiden, welche Aspekte sie benennen wollen. Damit schließt sich der Kreis: Die Teilnehmer/innen erfahren, wie das Referat insgesamt gesehen wurde. Dabei wirkt natürlich die sachliche, förderorientierte und detaillierte Rückmeldung des Dozenten/der Dozentin besonders vorbildlich.

Mündliches Feedback

Ein mündliches Feedback sollte freundlich, sachlich und konstruktiv sein, also z. B. nicht entwürdigend formuliert sein, positive Aspekte hervorheben und trotzdem ehrlich sein – ein hoher Anspruch. Einige sprachliche Formulierungen erleichtern die Rückmeldung:

Sprachliche Hinweise

- Beobachtungen zurückhaltend beschreiben, anstatt sie unmittelbar zu bewerten (nicht: »Der Einstieg war chaotisch ...«, sondern: »Beim Einstieg hatte ich Schwierigkeiten ... zu erkennen.«);
- Hinweise genau erläutern (nicht: »Das war nicht gut«, sondern: »Schwierig fand ich an dieser Stelle, dass ..., dadurch entstand für mich das Problem ...«);
- Verbesserungsmöglichkeiten benennen (»Für mein Verständnis wäre es hilfreich gewesen wenn ...«).

Auch wenn die Feedback-Phase kurz sein sollte, so benötigt sie doch recht viel Zeit, daher ist diese Phase zeitlich entsprechend einzuplanen. Selbst wenn jede Teilnehmerin und jeder Teilnehmer sich nur 30 Sekunden äußert, sind schnell 10 Minuten vorbei.

Variante: Blitzlicht

Die bekannteste Variante ist die sog. »Blitzlichtrunde«. Jeder Teilnehmer und jede Teilnehmerin *kann* sich kurz zum Referat äußern. Als Referent/in unterliegt man dabei der »Gefahr«, die jeweiligen Äußerungen (vor allem kritischer Art) sofort kommentieren zu wollen. Dies sollte im Rahmen der Blitzlichtrunde explizit nicht der Fall sein. Ebenso wenig sollte man die Runde unterbrechen. Sinnvoll ist vielmehr, in Ruhe und in freundlicher Gelassenheit zuzuhören und allenfalls Stichworte zu notieren. Am Ende der Blitzlichtrunde sollte allerdings die Möglichkeit einer kurzen Kommentierung bestehen.

Schriftliches Feedback

Ein schriftliches Feedback ist anonym und zeitsparend. Die Teilnehmerinnen und Teilnehmer können sich während des Referats bereits Notizen machen (dies ist selbstverständlich auch bei der mündlichen Rückmeldung sinnvoll). Allerdings sollten sie gleichwohl in der Lage sein, dem Referat inhaltlich zu folgen.

Eine schriftliche Rückmeldung kann über ein Blatt oder über einen Bogen verfasst werden und folgende Aspekte beinhalten (Abb. 20):

Inhalt	• Fachliche Tiefe (z. B. analytische Schärfe, Begriffe) • Fachliche Breite (z. B. andere Autoren) • Verbindung von Theorie und Praxis • verständliche Vermittlung des Inhalts
Gestaltung	• Struktur (z. B. Einstieg, Abschluss) • Medieneinsatz (z. B. sinnvoll, korrekt) • Sprache (z. B. verständlich) • besondere Ideen • Körpersprache (z. B. Mimik, Gestik)
Seminarpapier	• Gestaltung (z. B. Layout, Ästhetik) • Quellenangaben (z. B. Zitation, Literatur) • Fachliche Qualität (z. B. korrekt, vollständig)
Sonstiges	• ...

Abb. 20: Mögliche Kriterien zum Feedback (Referat)

Der im Anhang abgebildete Feedback-Bogen (→ Kopiervorlage K 15) zeigt ähnliche Kriterien, die den jeweiligen Anforderungen angepasst werden müssen. Dieser Feedback-Bogen bietet drei Notizmöglichkeiten. Über die Dreierskalierung (+, o, –) ist eine grobe Einschätzung möglich. Dahinter können kriterienspezifische Hinweise festgehalten werden. Unten sind schließlich weitere Anmerkungen möglich, die nicht kriteriengebunden sind.

Zum Anspruchsniveau eines Referats

Hinweise zur Steigerung des Anspruchsniveaus

Das Anspruchsniveau wird vorrangig über das inhaltliche Niveau (vgl. Kap. 5) definiert. Darüber hinaus können folgende Hinweise hilfreich sein:

- Das Referat sorgfältig vorbereiten, dies entlastet bei unvorhergesehenen Ereignissen.
- Offene Fragen selbst formulieren, anstatt sie zu verbergen.
- Medieneinsatz und Methodenwechsel detailliert vorbereiten (z. B. Schriftgröße von Folien, Textauswahl, Zeitplanung und Arbeitsauftrag bei Gruppenarbeit).
- Aktivierende Phasen einplanen. Dies entlastet den Referenten/die Referentin und gibt Zeit, um selbst über den Verlauf des Referats nachzudenken und z. B. die Zeitplanung zu überprüfen.
- Für sich selbst klären, welche inhaltlichen Teilthemen zentral sind und unbedingt vermittelt werden sollen.
- Ebenso für sich klären: An welchen Stellen habe ich den entscheidenden fachlichen Tiefgang? Wann wird meine Argumentation fachlich am anspruchsvollsten?
- Das Referat mindestens einmal als »Ernstfall« proben. Dies erhöht die Sicherheit und damit die souveräne Ausstrahlung und glättet Brüche im zeitlichen Ablauf.

Der schriftliche Bericht (»kleine« Hausarbeit)

alle Ansprüche einer Hausarbeit

Der schriftliche Bericht rundet das Referat (häufig als formale Vorgabe) inhaltlich und hochschuldidaktisch ab. Er enthält, neben der inhaltlichen Ausarbeitung des Referats, eine persönliche Reflexion über den Verlauf des Referats und evtl. über interessante Diskussionspunkte oder Rückmeldungen.

Der schriftliche Bericht ist ein eigenständiger, in sich vollständiger und systematisch erarbeiteter Text, d. h., es genügt nicht, die referierten Inhalte lediglich spiegelstrichartig aufzuschreiben. Es handelt sich um eine »kleine« Hausarbeit, d. h., alle Ansprüche, die an eine Hausarbeit gestellt werden, gelten hier ebenfalls (vgl. Kap. 8). Der Umfang beträgt ungefähr 5 bis 10 inhaltliche Seiten, d. h. ohne Deckblatt, Inhaltsverzeichnis und Anhang. Der Umfang ist vorab selbstredend mit dem Dozierenden zu klären.

10. Schriftliche Arbeiten

- Zeitplanung
- Gliederung
- Grafiken, Abbildungen und Tabellen
- Formatvorlagen und Seitenlayout

Dieses Kapitel zielt insbesondere auf das Anfertigen von Hausarbeiten. Sämtliche Aspekte sind jedoch ebenso für Abschlussarbeiten, Diplomarbeiten oder Dissertationen relevant. Als Zusammenfassung dienen die »Checkliste Hausarbeit« (→ Kopiervorlage K 10) und der »Rückmeldebogen für eine schriftliche Arbeit« (→ Kopiervorlage K 11).

Zeitplanung

Mittels eines Planes kann man sich über einen längeren Zeitraum hinweg Klarheit verschaffen, ob die Ziele realistisch sind. Die Zeitplanung variiert von Arbeit zu Arbeit erheblich, dies hängt mit den verfügbaren Ressourcen zusammen. In einer groben Einteilung lassen sich drei Phasen unterscheiden, die in ihrem zeitlichen Umfang definiert werden können (Abb. 21).

Kern: Schreiben am roten Faden

Phase 1 **Vorbereitungsphase**	• Fragestellung entwerfen • Gliederung erstellen • Recherchieren • Zeitplan durchdenken • Thema und Gliederung endgültig mit Betreuer/in klären
Phase 2 **Schreibphase**	• am roten Faden schreiben • »Nebentätigkeiten« des Schreibprozesses erledigen (Literaturverzeichnis erstellen, Lesen etc.)
Phase 3 **Abschlussphase**	• Korrekturlesung • Detailkorrekturen (Sprache, Rechtschreibung, • Vollständigkeit der Literaturangaben etc.) • Layout überarbeiten • Druckfertige Datei erstellen, Arbeit ausdrucken • Evtl. binden • Arbeit abgeben

Abb. 21: Phasen zur Vorstrukturierung des Zeitplans

Der Kern der Arbeit liegt im kontinuierlichen Schreiben am roten Faden. Daher ist diese Haupttätigkeit bei der zeitlichen Planung besonders zu beachten. Die Arbeit am roten Faden kann nicht »nebenher« oder »zwischendurch« erfolgen, sie erfordert höchste Konzentration und Ruhe und daher ausreichende Zeitblöcke, z. B. komplette Vormittage oder Nachmittage. Die verfügbare Zeit ist zunächst dahingehend zu analysieren, wann diese Blöcke vorhanden sind. Möglicherweise müssen daher für diesen Schreibzeitraum andere Aktivitäten eingeschränkt werden. In kürzeren Phasen lassen sich die o.g. Nebentätigkeiten wissenschaftlichen Arbeitens durchführen, z. B. eine Literaturrecherche durchführen, am Layout arbeiten, eine Literaturliste zusammenstellen. Eine Orientierung bietet → Kopiervorlage K 3.

Grob betrachtet, umfasst die Phase 2 so viel Zeit wie die Phasen 1 und 3 zusammen. Natürlich fließen die Phasen ineinander, z. B. wird auch in der zweiten Phase noch recherchiert. Häufig wird der Umfang der Phase 3 unterschätzt. Zwischen dem fertigen roten Faden und der Abgabe der Arbeit liegen zahlreiche aufwendige Schritte.

Detaillierte Planung zu Beginn

Die Zeitplanung kann man nun bis ins Detail durchstrukturieren, beispielsweise überlegen, wie viele Seiten pro Woche geschrieben sein müssen. Dies kann zu Beginn des Arbeitsprozesses durchaus sinnvoll sein, um eine realistische Planung zu erreichen. Die Zeitplanung dient dazu, den Schreibprozess zu erleichtern, und nicht dazu, permanent schlechtes Gewissen zu erzeugen – in diesem Falle wäre der Zeitplan wohl unrealistisch.

Gliederung

Bestandteile der Gliederung

Abbildung 22 zeigt eine Übersicht über die Gliederung einer Arbeit (vgl. → Kopiervorlage K 12).

Der Kern der Arbeit besteht in Einleitung – Abhandlung (dies ist der Hauptteil) – Schlussteil. Im Folgenden werden die einzelnen Teile erläutert.

Deckblatt

Das Deckblatt sollte die folgenden Angaben enthalten (Abb. 23). Dafür wird eine Seite verwendet.

Titel und Untertitel

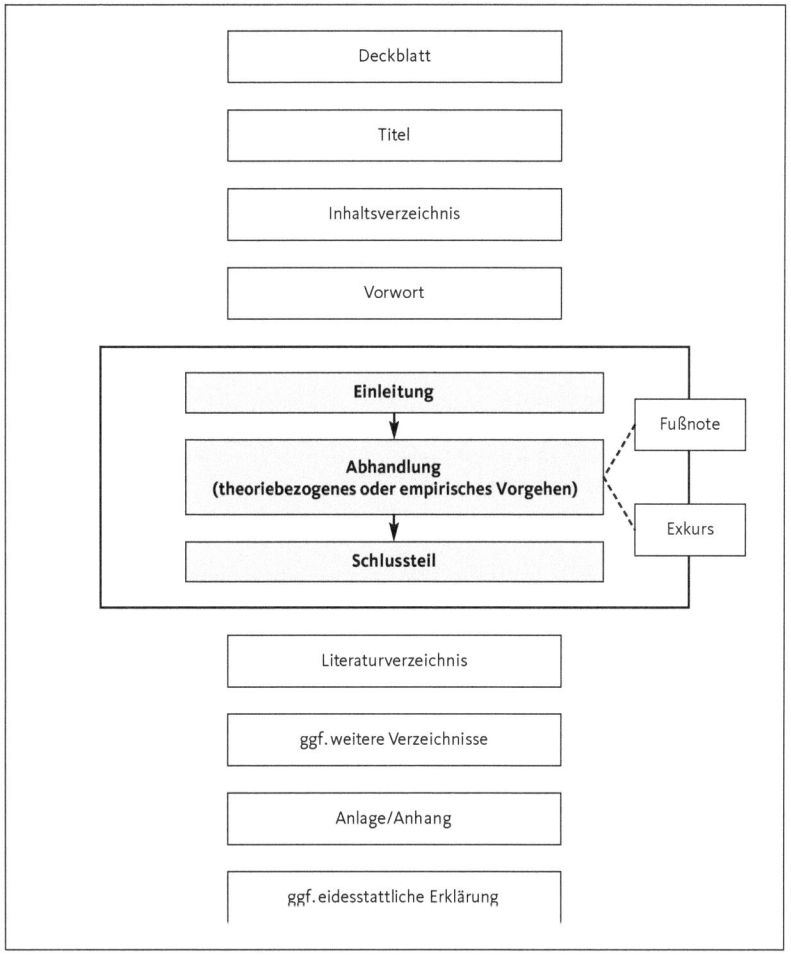

Abb. 22: Überblick über Teile einer wissenschaftlichen Arbeit

Das Deckblatt enthält den Titel sowie ggf. den Untertitel. Über beide Ebenen zusammen wird das Thema exakt erkennbar – dies eröffnet Variationen. So kann der Titel besonders interessant oder eher breit angelegt sein und der Untertitel das Thema präzisieren (Variante 1). Beide Ebenen können auch schlicht und sachlich formuliert werden (Variante 2).

Beispiele:

- *Variante 1:* »Fehler zeichnen uns aus – Transdisziplinäre Grundlagen zur Theorie und Produktivität des Fehlers in Schule und Arbeitswelt« (Dissertation von Martin Weingardt, Universität Tübingen, 2002)

- *Variante 2:* »Lehramtsstudierende analysieren Praxis. Ein Vergleich der Effekte unterschiedlicher fallbasierter Lehr-Lern-Arrangements« (Dissertation von Jürgen Schneider, Universität Tübingen, 2016)

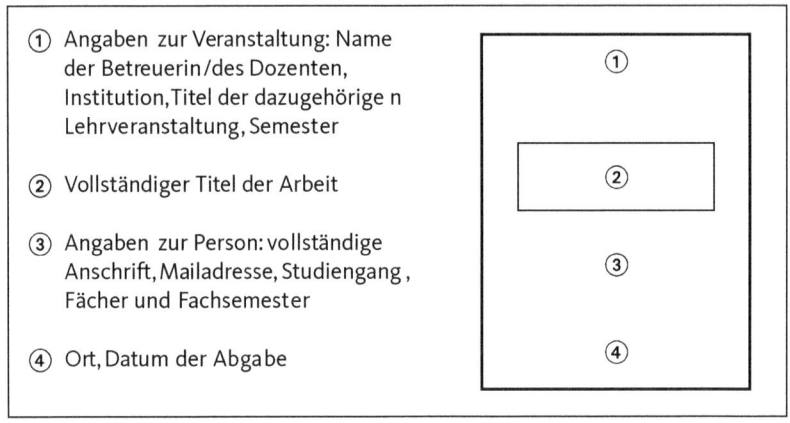

Abb. 23: Angaben auf dem Deckblatt

Inhaltsverzeichnis

Überschriftsebenen

Beim ersten Aufschlagen der Arbeit blickt man in der Regel auf das Inhaltsverzeichnis. Das Inhaltsverzeichnis verdeutlicht die inhaltliche Gliederung der Arbeit. Es sollte nicht mehr als höchstens drei Überschriftsebenen abbilden, i. d. R. genügt es, wenn die ersten beiden Überschriftsebenen nummeriert sind. Die erste oder die ersten beiden Ebenen sollten fett abgedruckt sein. Es ist übersichtlicher, ähnliche Buchstabengrößen zu verwenden.

Seitennummerierung

Das Inhaltsverzeichnis enthält die Seitenangaben der jeweiligen Kapitel. Wenn die erste inhaltliche Seite (i. d. R. Einleitung) nach dem Inhaltsverzeichnis beginnt, z. B. als durchnummerierte Seite 3, dann sind die Seitenvorgaben für eine Hausarbeit entsprechend zu berücksichtigen. Die ersten Seiten vor dem inhaltlichen Beginn werden im Rahmen der Seitenvorgaben (z. B. 20 Seiten für eine Hausarbeit) nicht gezählt. Eine Hausarbeit müsste demnach (ohne Literaturverzeichnis und Anhang) auf Seite 23 enden.[13]

Das automatische Erstellen eines vordefinierten Inhaltsverzeichnisses (z. B. in Microsoft WORD) ist äußerst hilfreich, zeitsparend und ermöglicht zudem eine regelmäßige und schnelle Erneuerung. Dadurch lässt

[13] Diese Seitenangaben variieren – erkundigen Sie sich daher unbedingt bei Ihrer Betreuerin oder Ihrem Betreuer.

sich jederzeit überprüfen, ob z. B. die Gliederungsebenen sachlogisch eingeteilt sind.

Vorwort

Noch keine inhaltliche Abhandlung

Das Vorwort unterscheidet sich von der Einleitung, es bezieht sich noch nicht auf die inhaltliche Abhandlung des Themas. Ein Vorwort ist nicht zwingend notwendig. Im Vorwort können persönliche Dankesworte oder Hinweise ausgesprochen werden, dies wird bei Hausarbeiten eher selten der Fall sein. Bei einer Dissertationsschrift enthält das Vorwort in der Regel umfangreiche Danksagungen.

Im Vorwort kann die Aufteilung einer Arbeit erwähnt werden, z. B. wenn ein Referat zu zweit oder in einer Gruppe gehalten wurde. Dadurch wird die Aufteilung des Themas ersichtlich, Teilbereiche können abgegrenzt, Überschneidungen und Vernetzungen verdeutlicht werden.

Einleitung

Mit der Einleitung beginnt der inhaltliche und wissenschaftliche Teil der Arbeit. Die Einleitung ist wichtig, sie eröffnet den Zugang zum Thema und stellt daher inhaltliche Weichen. Folgende Aspekte sollten hier dargestellt und kurz erläutert werden:

Teile der Einleitung

- das Thema,
- der persönliche Ausgangspunkt, die persönliche Motivation,
- die zentrale Fragestellung, evtl. weitere Hypothesen,
- das Ziel bzw. die Ziele der Arbeit,
- eine Eingrenzung (was ist nicht Ziel der Arbeit?),
- der Kern des Themas wird eingeführt, präzisiert, abgegrenzt und in der aktuellen Diskussion kurz verortet (Darstellung des Forschungsstandes folgt später im Hauptteil),
- die methodische Vorgehensweise,
- eine Übersicht über die einzelnen Schritte und Kapitel.

zentrale Frage ≠ Zielsetzung

Häufig wird die Bedeutung der zentralen Frage unterschätzt. Das merkt man spätestens im Schlussteil der Arbeit, wenn ein unklarer und diffuser Abschluss formuliert wird. Wer zu Beginn eine klare Fragestellung formuliert, der hat es am Ende leichter, ein abschließendes Fazit zu ziehen. Die zentrale Frage unterscheidet sich von der Zielsetzung (vgl. Kruse 1994, S. 134 ff.). Während die Frage aus der internen Logik des Themas heraus entsteht, bezieht sich die Zielsetzung auf den gesamten Forschungszusammenhang und ist eher allgemein formuliert, z. B.:

- zwei Theorien vergleichen,
- Erkenntnisse und Wissen zusammenstellen,
- eine Theorie analysieren.

Die Fragestellung bezieht sich unmittelbar auf das Thema, z. B.:
- Inwiefern unterscheidet sich der Freiarbeitsbegriff bei Maria Montessori und Célestin Freinet?
- Welches Freizeitverhalten ist bei Jugendlichen der 7. und 8. Klasse der Realschule XY festzustellen?

Was ist nicht Ziel der Arbeit?

In der Einleitung beschreiben Sie auch, was Sie nicht untersuchen möchten oder was keine Zielsetzung ist. Dadurch schränken Sie die Geltung ein, klären die Randbereiche und zeigen Bescheidenheit und sorgfältiges Abschätzen.

Es ist kein Zufall und auch nicht zwangsläufig auf nachlässiges Arbeiten zurückzuführen, wenn die Einleitung am Ende der Untersuchung nochmals überarbeitet werden muss. Manche Entwicklungen werden erst während des Schreibens ersichtlich und müssen revidiert werden – genau dieser Vorgang kann dann in der Einleitung thematisiert und reflektiert werden. In jedem Fall sollte der Leser/die Leserin am Ende der Einleitung über das Thema, die Absicht der Untersuchung und die Vorgehensweise informiert sein.

Hauptteil/wissenschaftliche Abhandlung eines Themas

Nun beginnt die Abhandlung des Themas, der Hauptteil der Arbeit. Hier zeigt sich, ob der rote Faden aus der Einleitung aufgegriffen und durch die »Anstrengung des Begriffs« mit Substanz angereichert wurde. Der Hauptteil enthält in aller Regel folgende Elemente:
- Darstellung des Forschungsstands,
- Darstellung und Begründung des eigenen Ansatzes (Fragestellung),
- die Abhandlung des Themas selbst,
- Auswertung.

Was ist nicht Ziel der Arbeit?

Der Aufbau der Abhandlung kann sehr unterschiedlich sein (Abb. 24, S. 97). Die Gliederungsschemata sind hier idealtypisch dargestellt. In der Regel werden sie, zumindest bei längeren Arbeiten, gemischt werden oder kapitelweise zutreffen. Die Schemata bieten also auch eine Orientierung für einzelne Teile oder Kapitel einer Arbeit. Bereits bei der Wahl des Themas, spätestens bei der Formulierung zentraler Fragestellungen sollte die Struktur des Hauptteils mitbedacht werden.

Vorgehensweise	Beispiel
Vom Allgemeinen zum Besonderen (deduktiv)	Eine Theorie wird beschrieben und konkretisiert bis hin zur Darstellung und Analyse einzelner Fallbeispiele.
Vom Besonderen zum Allgemeinen (induktiv)	Ein Fallbeispiel wird beschrieben und analysiert. Anschließend wird versucht, daraus allgemeine Regeln zu erhalten, z. B. in einer qualitativen Einzelfallstudie.
In zeitlicher Abfolge (chronologisch)	Die Biografie einer Pädagogin wird chronologisch dargestellt. Die Entwicklung einer Konzeption wird chronologisch beschrieben.
Pro-Contra-Argumentationen	Ein Sachverhalt wird von zwei Seiten diskutiert. Anschließend erfolgt eine persönliche Bewertung.
Empirisch	Eine empirische Studie wird durchgeführt: Entstehungs-, Begründungs- und Verwertungszusammenhang sind »klassische« Verlaufsphasen (Friedrichs 1979).
Darstellung und Diskussion mehrerer Argumente	Sachverhalte oder Argumente werden nach Bedeutung bearbeitet.
Sachlogische und schrittweise Darstellung	Eine Theorie wird schrittweise dargestellt und analysiert, z. B. nach: Autorinnen und Autoren, Entstehung und Entwicklung, Definition, Merkmalen, Zielen, methodischem Ansatz, Abgrenzungen, Sprache, innerer Logik, Erkenntnisinteresse, Nutzen, Geltungsbereich.

Abb. 24: Gliederungsschemata (ver. n. Werder 1996, S. 444)

Schlussteil

Der Schlussteil rundet die Arbeit ab. Hier blickt man i. d. R. nochmals auf die Einleitung und den Hauptteil zurück – und anschließend nach vorne. Der Schlussteil kann folgende Aspekte enthalten:

- Zusammenfassung: Die gesamte Arbeit wird zusammengefasst (»Das Anliegen dieser Arbeit lag darin… Zunächst wurde im Theorieteil…« etc.).
- Fazit: Die eingangs formulierte Frage wird beantwortet, zentrale Erkenntnisse werden benannt.
- Grenzen: Ungelöste oder neue Fragen werden formuliert, Grenzen und Schwächen der Arbeit benannt
- Anschlussforschung: Weitere untersuchungswürdige Aspekte werden dargestellt.

Hinweise zur Verschriftlichung eines Referates

Falls es sich bei der Arbeit um die Verschriftlichung eines Referats handelt, können im Schlussteil interessante Diskussionsaspekte aus der Seminarsitzung aufgegriffen werden. Zudem ist es auch möglich, Kritikpunkte am Referat oder Fragen aufzugreifen. Dies zeigt, dass man sich eingehend Gedanken gemacht hat und Verbesserungsvorschläge reflektiert und konstruktiv aufgreifen kann.

Literaturverzeichnis

Das Literaturverzeichnis ist vollständig, detailliert und einheitlich gestaltet (vgl. Kap. 3, S. 43 ff.).

Mögliche weitere Verzeichnisse

Neben dem Literaturverzeichnis kann ein Tabellen- bzw. Abbildungsverzeichnis (z. B. wenn zahlreiche Grafiken integriert sind), sowie ein Abkürzungsverzeichnis (wenn ungewöhnliche Abkürzungen verwendet werden, z. B. bei empirischen Studien) integriert sein.

Anlage/Anhang

Hier werden verschiedene Unterlagen angefügt, die für die Arbeit wichtig sind bzw. direkt verwendet wurden, jedoch den Textfluss im Hauptteil nicht unterbrechen sollten. Die Anlage dient evtl. dazu, Aussagen zu überprüfen oder durch weitere Informationen zu erhellen, z. B.

Mögliche Anlagen

- eingesetzte Fragebögen,
- Tabellen mit erhobenen oder verwendeten Daten,
- Zeitungsausschnitte, schwer zugängliche Textauszüge,
- Auszüge aus längeren Texten, z. B. Bildungsplänen,
- Ausdrucke von (vergänglichen) Internetquellen oder
- Gesetzestexte.

Insgesamt sollte die Anlage jedoch nicht zu umfangreich sein. Die einzelnen Blätter werden durchnummeriert (Anlage 1, Anlage 2 etc.), nur so ist ein eindeutiger Verweis im Text möglich.

Eidesstattliche Erklärung

In der Regel muss bei Abschlussarbeiten eine Erklärung eingefügt werden, die das selbstständige Arbeiten und die Angabe aller Hilfsmittel belegt. Die Erklärung des Instituts für Erziehungswissenschaft der Universität Tübingen sieht folgendermaßen aus (Abb. 25):

Erklärung

(Name) (Vorname) (Geburtsdatum) (Matrikelnummer)

Hiermit erkläre ich, dass ich die vorliegende Arbeit bzw. Studienleistung zum **Thema**

(Thema bzw. Titel der Arbeit bzw. Studienleistung eintragen)

eigenständig, ohne unerlaubte Hilfe und nur unter Verwendung der angegebenen Hilfsmittel angefertigt habe.

Alle sinngemäß und wörtlich übernommenen Textstellen aus Veröffentlichungen oder aus anderweitigen fremden Äußerungen habe ich als solche einzeln kenntlich gemacht.

Mir ist bekannt, dass ich im Falle einer Täuschung das Recht auf den Erwerb eines Leistungsnachweises in der **Veranstaltung**

(Name der Lehrveranstaltung eintragen)

verwirkt habe.

Weiterhin erkläre ich, dass ich die vorliegende Arbeit bzw. Studienleistung in dieser oder in leicht veränderter Form in keiner anderen Lehrveranstaltung zum Zwecke des Erwerbs eines Leistungsnachweises eingereicht habe.

(Ort) (Datum)

(Unterschrift)

Abb. 25: Beispiel einer eidesstattlichen Erklärung

Weitere Teile: Anmerkungen, Fußnoten und Exkurse

Anmerkungen

Erläuterungen oder weiterführende Hinweise

In den Anmerkungen werden Erläuterungen oder weiterführende Hinweise beschrieben, die nicht direkt zum roten Faden der Abhandlung zählen (und daher auch nicht im Hauptteil stehen), die man jedoch trotzdem erwähnen möchte. Dies könnte eine persönliche Ergänzung, Anmerkung oder Kritik sein oder eine Erläuterung zu einem erwähnten Aufsatz. Anmerkungen werden sinnvollerweise durch nummerierte Endnoten oder evtl. auch durch Fußnoten im Text verankert. Anmerkungen sind nicht immer notwendig und eher ungewöhnlich.

Fußnoten

Anmerkungen, Verweise, Beispiele

Als Fußnoten können Anmerkungen, Beispiele oder weitere Verweise[14] eingefügt werden, die nicht unmittelbar zur Darstellung der Hauptargumente notwendig sind. Besonders geeignet sind Fußnoten, um Verweise auf bestimmte Autorinnen und Autoren bzw. Studien zu erläutern. Insbesondere in Qualifikationsarbeiten zeigt man dadurch, dass man die Quellen wirklich gelesen hat und in der Lage ist, die für die eigene Arbeit entscheidenden Aspekte herauszuarbeiten.

Exkurs

In sich abgeschlossene Darstellung

Ein Exkurs enthält eine ausführliche und in sich abgeschlossene Darstellung eines Sachverhaltes, den man gerne genauer erörtern möchte, der jedoch nicht unbedingt zur Systematik der Abhandlung gehört, etwa ein besonders interessanter Teilaspekt, ein aktuelles Forschungsergebnis, eine Verbindung zu einer anderen Disziplin etc. Die Leserin/der Leser kann den Exkurs überblättern, ohne den roten Faden zu verlieren.

Grafiken, Abbildungen und Tabellen

Seit Grafiken, Abbildungen, Fotos, Tabellen etc. über entsprechende Textverarbeitungs-, Grafik- und Tabellenkalkulationsprogramme leicht erstellt und eingefügt werden können, neigt man dazu, dies zu übertreiben, z. B. zu viele, zu bunte oder zu umfangreiche Abbildungen einzufügen. Bitte gehen Sie nicht davon aus, Ihr Gutachter sei von einem farbigen Layout beeindruckt – viel eher wird das Gegenteil der Fall sein. Ein souveräner Umgang mit Abbildungen etc. zeigt sich über folgende Prinzipien:

Prinzipien beim Einsatz von Abbildungen

- Abbildungen sind dezent eingesetzt, sie unterbrechen den Fließtext nur kurz.
- Jede Abbildung wird eingeführt, erläutert und analysiert. Das Erkennen der Funktion und Bedeutung wird nicht dem Leser/der Leserin überlassen.
- Jede Abbildung wird mittels eines Querverweises an der entsprechenden Stelle des Fließtextes genau verortet.
- In der Regel werden die Abbildungen durchnummeriert.
- Die Gestaltung ist zurückhaltend, in aller Regel genügt eine schwarzweiße Darstellung. Farben werden nur eingesetzt, wenn sie funktional

[14] Ich gehe davon aus, dass die normalen Quellenangaben im Fließtext und nicht in Fußnoten eingefügt sind. Es ist jedoch möglich, alle Quellenangaben in die Fußnoten zu platzieren.

begründet sind, d. h., Farben werden durch Schwarz-Weiß-Schattierungen ersetzt, es sei denn, dies erschwert oder verhindert eine verständliche Darstellung.
- Die Abbildung, insbesondere Tabellen oder Diagramme sind in sich ausreichend erklärt: Quellen sind benannt, Abkürzungen erklärt, Titel zutreffend.

Formatvorlagen und Seitenlayout

Genauere Angaben zu Formatvorlagen und Seitenlayout dienen der ungefähren Vereinheitlichung der Arbeiten. Dies erleichtert den Vergleich des Umfangs und verhindert grobe Layout-Fehler, die beim Lesen störend wirken können. Die folgenden Hinweise sind als Orientierung anzusehen, sie variieren je nach Dozent/in zum Teil erheblich (Abb. 26). Beispielsweise ist in manchen Empfehlungen der linke Rand sehr groß, um unbequemes Lesen (bei breiter Bindung) zu vermeiden, während andere Autorinnen und Autoren eher den rechten Rand ausweiten (für Anmerkungen und Korrekturen).

Formatvorlagen	Seitenlayout
Standardschrift: 12pt, 1,5zeilig, Blocksatz 1. Überschriftsebene: 14pt (fett, nummeriert) 2. Überschriftsebene: 12pt (fett, nummeriert) 3. Überschriftsebene: 12pt (kursiv) Blockzitate, Fußnoten, Tabellen, Abbildungen: 10pt, 1zeilig	Rand rechts mindestens 3 cm (für Korrekturanmerkungen) Rand links 3 cm Rand oben und unten 2,5 cm Seitenzahl unten oder oben rechts

Abb. 26: Hinweise zu Formatvorlagen und Seitenlayout

ruhiges Layout

Doppelte oder mehrfache Hervorhebungen sollten vermieden werden (z. B. fett und unterstrichen), i. d. R. wird *kursiv* hervorgehoben. Auch bei Überschriften sollte ein zu auffälliges Schriftbild vermieden werden (z. B. zu große Buchstaben, doppelte Unterstreichung). Hier gilt der Grundsatz »weniger ist mehr«. Insgesamt sollte das Layout einen ruhigen Duktus haben. Beispielhaft zeigt → Kopiervorlage K 13, ein Seitenlayout.

11. Alternative Leistungen

- Protokoll
- Forschungsvorhaben
- Portfolio und Lerntagebuch

Hausarbeiten, Referate und Klausuren können durchaus sinnvolle Varianten des Scheinerwerbs sein. Jedenfalls scheinen nach wie vor die meisten Scheine im erziehungswissenschaftlichen Bereich über eine dieser Leistungsnachweise vergeben zu werden. Gleichwohl stellen sie recht traditionelle Varianten dar, die durch Alternativen ersetzt oder ergänzt werden können. Protokolle, Forschungsvorhaben oder Lerntagebücher verstehen sich eher als Ersatz, obschon etwa ein kleineres empirisches Projekt in eine Hausarbeit integriert oder umfassend schriftlich dokumentiert werden kann, sodass es einer Hausarbeit ähnelt. Mit diesen Alternativen ist die kritische Überprüfung tradierter Formen der Leistungsnachweise angesprochen. Vorteile alternativer Verfahren können sein:

Vorteile alternativer Verfahren

- Erweiterung des nachgewiesenen Leistungsspektrums im Studium (mittels kleiner empirischer Forschungsarbeiten);
- flexible Anpassung an inhaltliche Gegebenheiten des Seminars (z. B. Reflexion über Seminarinhalte und -methoden mittels Lerntagebuch);
- systematische Erfassung der Inhalte und Prozesse einer Lehrveranstaltung (mittels Protokoll);
- stärkere Prozesshaftigkeit und Verbindung mit persönlichen Erfahrungen (mittels Lerntagebuch), sodass intensive Auseinandersetzungen mit dem Thema möglich sind;
- erhöhte Motivation aufgrund alltagsrelevanter Forschungsarbeiten (über Forschungsvorhaben);
- mögliche Dokumentation verschiedener Leistungen, um diese über einen längeren Zeitraum hinweg zu reflektieren (mittels Portfolio);
- Einbindung einzelner Leistungsnachweise in den gesamten Studienverlauf (mittels eines beratungsorientierten Portfolios).

Protokoll

Vorteile

In manchen Lehrveranstaltungen ist die Anfertigung eines Protokolls Teil des Leistungsnachweises. Zahlreiche Gründe sprechen für ein fundiertes Protokoll. So können die wesentlichen Themen der vergangenen Sitzung wiederholt und punktuell vertieft werden. Das Protokoll erleichtert die Übergänge zwischen Themen und festigt den roten Faden einer Lehrveranstaltung. Über mehrere Protokolle kann das Seminarthema zusammengefasst und strukturiert werden. Studierende können zeigen, dass sie das Thema angemessen bearbeiten und vorstellen können.

Organisation und inhaltlicher Anspruch eines Protokolls werden leicht unterschätzt. Das Protokoll nimmt zu Beginn einer Sitzung recht viel Zeit in Anspruch, vor allem, wenn Fragen offen bleiben oder Diskussionsbedarf entsteht. Des Weiteren sollte ein Protokoll natürlich bis zur nächsten Sitzung fertig sein, innerhalb einer Woche muss also nicht nur die Schreibarbeit, sondern möglicherweise eine inhaltliche Vertiefung geleistet werden.

Verlaufs- oder Ergebnisprotokoll?

Zwei wesentliche Sorten sind zu unterscheiden: Verlaufsprotokoll und Ergebnisprotokoll:

- Das *Verlaufsprotokoll* enthält im Grunde alle (divergierenden) Aussagen, unabhängig von deren Beitrag und Bedeutung für den Arbeits- oder Diskussionsprozess. In der Regel wird chronologisch notiert.
- Im *Ergebnisprotokoll* werden wesentliche Zwischen- und Endergebnisse festgehalten.

Im erziehungswissenschaftlichen Studium ist wohl eine Mischform mit deutlichem Schwerpunkt beim Verlauf üblich. Nur über das Verlaufsprotokoll werden die Systematik des Themas und die Dynamik der Diskussionen deutlich. Andererseits ist auch die Frage berechtigt, welches »Ergebnis«, z. B. welches Fazit die Sitzung erbracht hat.

Das Protokoll ist in erster Linie für Seminarteilnehmer/innen gedacht. Im Gegensatz zu anderen wissenschaftlichen Arbeiten hat das Protokoll eine spezifische Eigenschaft: Es *dokumentiert* »lediglich«, versucht also die »Realität« einer Sitzung einzufangen und schriftlich festzuhalten. In seinem Kern hat es daher eine reproduzierende Funktion.

weiterführende Ansprüche

Häufig geht der Anspruch an ein Protokoll jedoch darüber hinaus, beispielsweise indem Folgendes eingearbeitet wird:

- weitere Informationen (z. B. Biografie eines Autors),
- vertiefende Aspekte (z. B. weiterführende Begriffsklärungen),
- Fragen und Thesen (z. B. Hinweise auf Widersprüche) oder
- die eigene Einschätzung.

Diese Zusätze sind selbstverständlich vom originären Sitzungsverlauf abzugrenzen. Visuell kann die eigene Meinung oder ein vertiefender Gedanke an entsprechender Stelle mittels eines Rahmens eingefügt werden.

Kurz- und Langfassung

Häufig wird zwischen einer Kurz- und Langfassung unterschieden. Diese Aufteilung erleichtert die Organisation. Die Kurzfassung wird bis zur folgenden Woche fertig gestellt, die ausführliche Fassung wird zum Semesterende abgegeben – diese Langfassung geht nun explizit über den reproduzierenden Kern hinaus und erreicht den Umfang und Anspruch einer Hausarbeit. Die Kurzfassung beschränkt sich auf die Dokumentation des Verlaufs.

Der Protokollant/die Protokollantin hat die Chance, aufgrund des distanzierten und reflektierten Blickes auf die vergangene Sitzung, Brüche zu erkennen und sie wieder in die Sitzung einzubringen – exakt an dieser Stelle kann sich das Protokoll als sehr Gewinn bringend für den Seminarverlauf erweisen.

Man muss keinesfalls radikal konstruktivistisch argumentieren, um darauf hinzuweisen, dass die Wahrnehmung dessen, was wichtig oder unwichtig ist, subjektiv gefärbt ist – der Inhalt von Protokollen kann unterschiedlich gewichtet sein. Umso wichtiger ist ein klarer Rahmen – ein Verlaufsprotokoll sollte folgende Aspekte beinhalten (Abb. 27).

Grundlegende Daten	• Veranstaltung • Thema und Datum der Sitzung • Anzahl der Teilnehmer/innen
Gliederung	• Inhaltliche Abfolge oder Phasen der Sitzung mit Zeitstruktur
Abhandlung (= Hauptteil)	• Inhaltliche Aspekte der Sitzung • Visualisierungen (z. B. Grafiken von Flipcharts oder Tafelzeichnungen)
Schlussteil	• Inhaltlicher Abschluss/offene Fragen/Perspektiven • Ende der Veranstaltung • Persönliche Einschätzung des Inhalts und des Ablaufs
Materialien	• Arbeitsblätter, Handouts, Fotos, Folien
Literaturangaben	• Sämtliche direkt und indirekt zitierte oder verarbeitete Literatur
Verfasser/in	• Datum und Unterschrift

Abb. 27: (Mögliches) Schema eines Protokolls

wissenschaftlicher Duktus

Ein Protokoll folgt generell wissenschaftlichem Duktus, d. h., Quellen und Zitate sind belegt, die Wiedergabe ist exakt, Quellenangaben sind vollständig etc. Der Hauptteil, die Wiedergabe der Abhandlung, kann unterschiedlich strukturiert sein. Die »Checkliste Protokoll« (→ Kopiervorlage K 16) enthält wesentliche Merkmale der schriftlichen Darstellung und der mündlichen Präsentation eines Protokolls.

Forschungsvorhaben

Insbesondere im Rahmen von Lehrveranstaltungen zum wissenschaftlichen Arbeiten oder zu Forschungsmethoden bietet es sich an, kleinere oder größere Forschungsaufträge oder Teilaspekte einer empirischen Studie zu bearbeiten, z. B.:

Beispiele

- Erstellen und Erproben eines Fragebogens, z. B. zur Einschätzung der Unterrichtsqualität des Lehrers B. im Fach Mathematik an einer benachbarten 6. Realschulklasse.
- Strukturierte Beobachtung einer Gesamtlehrerkonferenz, z. B. um geschlechtsspezifische Verhaltensweisen, Redeanteile, Aufmerksamkeit zu untersuchen.
- Qualitative Inhaltsanalyse eines transkribierten Interviews, z. B. mit einer Schulleiterin zu aktuellen Reformen an ihrer Schule.
- Durchführung von teilstrukturierten Interviews mit Lehrkräften, z. B. zur Akzeptanz und Unterstützung eines vereinbarten Schulprogramms.
- Durchführung einer standardisierten schriftlichen Befragung, z. B. von Eltern einer Realschulabschlussklasse zur rückblickenden Einschätzung der Arbeit an der Schule.
- Durchführung eines Tiefeninterviews, z. B. mit einer 60-jährigen Lehrerin zu Fragen der Berufsbelastung.

Aufbau

Der Aufbau des schriftlichen Teils lehnt sich an die Struktur einer Hausarbeit an (vgl. Abb. 24, S. 97, empirisches Gliederungsschema). Im Mittelpunkt stehen das Untersuchungsdesign und seine Entstehung, Begründung und Verwertung.

Nutzen der Ergebnisse

Motivierend und hilfreich sind diese Untersuchungen dann, wenn die beteiligten Akteure (Lehrkräfte, Schülerinnen und Schüler) daran teilhaben und vor allem von den Ergebnissen profitieren. Interessant kann daher sein, bei Schulen oder andere Institutionen anzufragen, bei welchen spezifischen Fragestellungen sie Unterstützung brauchen. Von den daraus resultierenden Kooperationen profitieren alle Beteiligten.

Kritik: Durchführung empirischer Studien im Studium

Die Durchführung von (kleinen) empirischen Studien ist allerdings auch kritisch zu betrachten: *Erstens* hat sich der Anspruch an forschungsmethodische Standards erheblich erhöht, insofern ist im Kontext des jeweiligen Studienganges zu klären, ob und welche empirische Verfahren überhaupt realisiert werden können. Beispielsweise ist es nicht mehr zeitgemäß, Fragebögen einfach so zu entwickeln – hier müssen vorhandene und geprüfte Skalen und Items verwendet oder neue aufwendig pilotiert und getestet werden. *Zweitens* sind Schulen (insbesondere in Universitätsstädten) häufig von Untersuchungsanfragen überlastet und reagieren nicht selten ablehnend auf Anfragen. Insofern sind Schulen auch vor Anfragen zu schützen, die letztlich nicht in professionellen und gesellschaftlich relevanten Studien münden. *Drittens* gerät immer mehr in den Vordergrund, die eigene forschungsmethodische Expertise mithilfe vorhandener Datensätze (und nicht über eigene Datenerhebungen) zu entwickeln. Je nach Studiengang bzw. Institut können Sie möglicherweise mit vorhandenen Daten arbeiten. *Viertens* sollten Sie bei jeglichen empirischen Arbeiten entsprechende forschungsmethodische Fachliteratur hinzuziehen – dies ist nicht Zielsetzung des vorliegenden Buches.

Portfolio und Lerntagebuch

Portfolios gewinnen im Rahmen der Lehrerinnen- und Lehrerbildung eine zunehmende Bedeutung (z. B. Hascher/Sonntagsbauer 2013; Ziegelbauer/Gläser-Zikuda 2016). Dabei erfüllen sie zum Teil unterschiedliche Funktionen, die über die vorgestellten Möglichkeiten (Hausarbeiten, Referate, Protokolle und Alternativen) hinausgehen. Mit Portfolios können prinzipiell sehr unterschiedliche Zielsetzungen verfolgt werden (Koch-Priewe/Störtländer 2016): neue Lernkultur und Lernförderung, alternative Assessment und Humanisierung der Lern- und Leistungskultur, nonformales und informelles Lernen, Umgang mit neuen Medien, Relationierung von Theorie und Praxis.

Reflexion, Subjektorientierung, Prozessbezug

Der Grundgedanke des Portfolios orientiert sich an Sammelmappen von Künstler/innen oder Architekt/innen, die zu Bewerbungszwecken gezielt einen Teil ihrer Arbeitsergebnisse auswählen und vorlegen. Im pädagogischen Kontext wird Portfolio zunehmend mit einem reflexiven, subjektorientierten und prozessbezogenen Anspruch verbunden (vgl. Häcker 2002; Winter 2004), der insbesondere mittels einer Verbindung mit der Schreibdidaktik realisiert werden kann.

Das eigene Studium bzw. bestimmte Lehrveranstaltungen oder Studienabschnitte werden (i. d. R. schriftlich) reflektiert. Der Schreiber/die Schreiberin versucht etwa im Rahmen einer Lehrveranstaltung oder eines bestimmten Seminarthemas eigene Lernspuren zu verfolgen, eindrückliche Erfahrungen und Themen zu schildern, Entwicklungen sichtbar zu machen. Nicht alle persönlich verfassten Schriftstücke sind öffentlicher Art oder werden vorgelegt. Derartige Schreibprozesse können privaten Charakter haben, die Textsorte und Zugänglichkeit ist jeweils zu beachten. Dies ist anzuleiten und zu begleiten, z. B. über vorbereitende und motivierende Schreibanlässe, in einem Lerntagebuch oder in Schreibkonferenzen. Studierende kommen in der Regel mit einem biografisch gewachsenen, eher negativen Schreibkonzept ins Studium, persönliches und sinngebendes Schreiben muss vielfach erst wieder »erobert« werden. Aus der Perspektive eines theoretisch und praktisch fundierten Konzepts (Bräuer 1998 und 2000) ist Portfolio von einer reflektierten Schreibpraxis unterlegt. Der Begriff der »reflexiven Schreibpraxis« kann in folgende Tätigkeiten aufgeschlüsselt werden (Bräuer 2016; Bräuer 2000, S. 14):

Tätigkeiten im Rahmen einer reflexiven Schreibpraxis

- Dokumentieren: den Handlungsverlauf darstellen,
- Analysieren: Teilhandlungen des Prozesses aufschlüsseln,
- Kommentieren: Ergänzungen, Hinweise einfügen,
- Kommunizieren: in einen (Schreib-)Dialog mit anderen eintreten,
- Bewerten: eigene und fremde Erwartungen auf dem Hintergrund bestimmter Maßstäbe und Normen verdeutlichten,
- Entwerfen: Strategien, Pläne entwickeln, Perspektiven aufzeigen.

Die entstehenden Texte können nun dem Portfolio beigefügt werden, sie werten weitere gesammelte und ausgewählte Dokumente auf, verorten sie in der eigenen Lernentwicklung und geben jedem Portfolio einen jeweils persönlichen roten Faden.

unterschiedliche Funktionen

Auf der Grundlage einer reflexiven Praxis nehmen Portfolios unterschiedliche Funktionen ein. Sie können beispielsweise zur expliziten Theorie-Praxis-Reflexion, als Leistungsnachweis oder zur Bewerbung konzipiert und verwendet werden. Im Folgenden werden drei wesentliche Varianten mit unterschiedlichen Funktionen vorgestellt.

Variante 1: Theorie-Praxis-Reflexion über Portfolios: das Beispiel des Tübinger Modells

Die Darstellung dieses Modells (vgl. Feder u. a. 2017) bietet sich an, weil es sowohl institutionell abgesichert und theoretisch begründet ist als auch phasenübergreifend entwickelt und eingesetzt wird. Das Portfolio ist für den Einsatz im bildungswissenschaftlichen Bereich und in den Fachdidaktiken konzipiert, es dient explizit nicht der Leistungsüberprüfung. Es wird im Rahmen verbindlicher Lehrveranstaltungen eingesetzt und ist damit – so auch die gesetzliche Rahmenverordnung im Bundesland Baden-Württemberg – Pflichtbestandteil der Lehrerbildung, und zwar sowohl in der ersten (im Bachelor of Education und im Master of

Education) als auch in der zweiten Phase. Zudem besteht eine Begleitforschung, die u. a. die Implementationsphase evaluiert.

Das Portfolio ist im Rahmen der gymnasialen Lehrerbildung im Pflichtcurriculum verankert. Im Kern zielt es über spezifisch erarbeitete Aufgaben auf die gründliche, individuelle Auseinandersetzung mit und damit Relationierung von Theorie und Praxis. Skizzierend ist dieser Portfolioansatz durch folgende Merkmale gekennzeichnet:

Merkmale des Tübinger Modells

- Das Portfolio verfolgt drei Zielsetzungen. *Erstens* zielt es auf die Reflexion der individuellen professionellen Entwicklung in der ersten und zweiten Phase der Lehrerbildung und ist prinzipiell auch für die dritte Phase konzipiert. *Zweitens* bietet es eine systematische Verbindung und wechselseitige Bezugnahme zwischen den beteiligten Institutionen (Universität, Staatliches Seminar und ggf. Schule) und deren jeweiligen Ausbildungskomponenten. *Drittens* begleitet es die individuelle Kompetenzentwicklung und bietet hierfür konkrete Gesprächsanlässe.
- Das Portfolio nimmt unmittelbar Bezug auf drei theoretisch und empirisch fundierte Professionalisierungsansätze. Über die Begleitung und Verbindung der individuellen Entwicklung innerhalb der drei Phasen unterstützt es den Prozess der *berufsbiografischen* Professionalisierung der angehenden Lehrkräfte. Auf der Basis der Kompetenzbereiche der Kultusministerkonferenz 2014 zielt es auf Fortschritte der *kompetenzorientierten* Professionalisierung. Über die Dokumentation und Arbeit an Fallbeispielen stärkt das Portfolio die Reflexion im Sinne des *strukturtheoretischen* Ansatzes.
- Das Portfolio basiert in verschiedener Hinsicht auf dem Stand der Forschung und bemüht sich dabei in besonderer Weise, das Verhältnis von Theorie und Praxis zu beleuchten, indem reflexive Brückenschläge zwischen Theorie und Praxis in den Aufgaben intendiert sind. Zur Anbindung von theoretischem Wissen an pädagogisches Handeln wird auf drei Reflexionsfelder Bezug genommen: den Subjektbezug, den Berufsfeldbezug und den Wissenschaftsbezug. Dabei werden die jeweiligen Stärken und Möglichkeiten der einzelnen Phasen der Lehrerbildung, aber auch die Studierenden mit Blick auf ihr Selbststudium berücksichtigt.
- Die KMK-Standards 2014 werden mit Reflexionsfragen angereichert, damit ein unmittelbarer Bezug zu diesen für die Lehrerbildung zentralen Vorgaben möglich ist.
- Fallbasiertes Arbeiten und Forschendes Lernen werden systematisch eingeführt und mit der Portfolioarbeit verbunden.
- Die konkrete Arbeit am Portfolio vollzieht sich über Aufgaben, die jeweils an bestimmte Phasen des Studiums (einzelne Veranstaltungen,

Praktika) angebunden sind. Dazu einige Beispiele:

Beispiel 1: Bildungswissenschaftliche Aufgabe zur Vorlesung »Einführung zum Bildungswissenschaftlichen Studium«	Was erhoffen Sie sich von der Arbeit mit dem Portfolio mit Blick auf Ihre individuelle *professionelle Entwicklung*?
Beispiel 2: Bildungswissenschaftliche Aufgabe zum Seminar »Beruf und Professionalität II«	1. Sie haben im Seminar unterschiedliche theoretische Zugänge zum Feld »Schule« kennengelernt. Erstellen Sie eine Skizze / eine Auflistung / ein Strukturschema, indem Sie diese Zugänge im Überblick darstellen. 2. Beschreiben Sie bitte, inwiefern es aus Ihrer Sicht für das soziale Feld notwendig ist, unterschiedliche Zugänge zu kennen und diese wechselseitig aufeinander zu beziehen, um zu einer angemessenen Betrachtung schulischer Handlungssituationen zu gelangen. Worin unterscheidet sich eine solche sozialwissenschaftliche Perspektive von einer naturwissenschaftlichen Betrachtung?
Beispiel 3: Fachdidaktische Aufgabe für Studierende des Faches NWT	A) Manche sind der Ansicht, dass Wissenschaft von sozialen und kulturellen Einflüssen durchzogen ist. Das heißt, Wissenschaft spiegelt die politischen Werte, philosophischen Annahmen und intellektuellen Normen der Kultur wider, in der sie praktiziert wird. B) Andere sind der Ansicht, dass Wissenschaft universell ist. Das heißt, Wissenschaft übersteigt nationale und kulturelle Grenzen und ist unbeeinflusst von den sozialen, politischen und philosophischen Werten und intellektuellen Normen der Kultur, in der sie praktiziert wird. Stimmen Sie eher Aussage A oder Aussage B zu? Erklären Sie warum und erläutern Sie Ihre *Antwort mit Beispielen.*

Abb. 28: Reflexionsfragen Portfolio (exemplarisch)

Die Aufgaben und Antworten werden innerhalb der Veranstaltungen diskutiert und von den Studierenden in ihrem Portfolio verfasst und dokumentiert. Konkret werden erstens die schriftlich bearbeiteten Aufgaben diskutiert, zweitens werden diese dann in einen weitergehenden theoretischen Kontext eingeordnet. Beispielsweise werden Aufgaben zur Reflexion der Berufswahlmotive in wissenschaftlich begründete Tätigkeitsbeschreibungen des Berufs der Lehrerin und des Lehrers eingeordnet.

Variante 2: Portfolio als Leistungsnachweis

In dieser Funktion – einer gänzlich anderen Funktion als beim oben beschriebenen Tübinger Modell – tritt das Portfolio nun als

- unmittelbare Alternative zu gängigen Leistungsnachweisen wie Hausarbeiten, Klausuren oder Referaten oder
- als Nachweis eines gelungenen Studienabschnittes oder gar des gesamten Studiums

begründete Materialauswahl

hervor. Im Rahmen von Lehrveranstaltungen, Praktika oder sonstiger Veranstaltungen und Aktivitäten können Dokumente gesammelt und hierzu reflexive Texte verfasst werden. Im Laufe eines oder mehrerer Semester entsteht eine recht umfangreiche Materialsammlung. Entscheidend ist nun die Frage, welche Dokumente für das Portfolio ausgewählt werden. Diese Auswahl ist jeweils, d.h. für jedes Dokument (z.B. ein Protokoll, eine Rezension eines Buches, ein kritisch diskutierter Artikel) schriftlich zu begründen.

Die Qualität des Portfolios orientiert sich also keinesfalls an der Quantität der gesammelten Materialien, sondern an der strukturierten, begründeten und reflektierten Auswahl und Zusammenstellung.

mögliche Schwerpunkte

Aufgrund der Zusammenstellung können

- besondere Erfahrungen und Erlebnisse,
- einprägsame Erkenntnisse,
- individuelle Arbeitsschwerpunkte und Vertiefungen,
- besondere Forschungsarbeiten,
- persönliche Entwicklungen, oder
- zukünftige Herausforderungen

deutlich werden, die sich – sofern vernetzt – als roter Faden durch das Studium ziehen – oder auch als zukünftige Herausforderungen offen bleiben.

Die Struktur dieses Portfolios (aber auch anderer Portfolios, z.B. zu Bewerbungszwecken) wird deutlich, wenn man das Deckblatt für das gesamte Portfolio und das Deckblatt zur Auswahl der einzelnen Texte oder Arbeiten betrachtet. Ein Deckblatt, das sich auf eine Lehrveranstaltung bezieht, enthält mehrere Elemente (Abb. 29, → Kopiervorlage K 17).

Als ein Pflichtteil kann eine Gesamteinschätzung der Lehrveranstaltung sinnvoll sein (Nr. 10). Hier ist auch der Ort, um die folgenden Einzelbeiträge inhaltlich und systematisch zu verbinden und das gesamte Seminar zu reflektieren, z.B. herauszuarbeiten, welche Themen besonders interessant waren, auf welchen Feldern besondere Erfolge festgestellt werden konnten oder in welchen Bereichen noch Fragen offen geblieben sind. Hier zeigt sich auch, dass es sinnvoll ist, das Portfolio im Laufe des Semesters kontinuierlich vorzubereiten, um etwa Details oder Veränderungen einzuarbeiten und um am Ende aus einer gewissen inhaltlichen Breite und Substanz schöpfen und auswählen zu können.

Hochschule:

Fakultät/Institut: Semester:

Lehrveranstaltung: Dozent/in:

Immatrikulations-Nr.: Gültige Prüfungsordnung:

Name, Vorname: Semester/Fächer:

Anschrift: E-Mail:

Die folgenden Einzelarbeiten habe ich ausgewählt:

1. Ursprüngliche Motivation zur Teilnahme an der Veranstaltung
2. ...

...

10. Gesamteinschätzung der Lehrveranstaltung

Datum: Unterschrift Dozent/in:

Abb. 29: Portfolio: Deckblatt (bezogen auf eine Lehrveranstaltung)

Das zweite Deckblatt, das jeden Text bzw. jede Einzelarbeit einführt, enthält neben formalen Aspekten auch (mindestens) einen inhaltlichen Part, die Begründung der Auswahl (Abb. 30, → Kopiervorlage K 18):

Lehrveranstaltung:

Name, Vorname:

Datum:

Einzelarbeit:

Weshalb habe ich diese Einzelarbeit ausgewählt?

Abb. 30: Portfolio: Deckblatt einer Einzelarbeit

Die Begründung der Einzelarbeit bezieht sich beispielsweise auf etwas Besonderes, das nur mit diesem Textstück aufgezeigt werden kann (z. B. einen besonders interessanten Gedanken, ein spannender Absatz innerhalb eines Textes, eine Zusammenführung zweier Gedankengänge). Anhand mehrerer Einzelarbeiten können (verbunden mit anderen) Entwicklungen deutlich werden (z. B. beim Verfassen didaktischer Analysen in Unterrichtsentwürfen).

Die Auswahl ist also nicht nur darzustellen, sondern auch inhaltlich und fachlich herzuleiten. Dabei eröffnen sich grundlegende Spannungsfelder zwischen persönlicher Reflexion einerseits und Leistungsmessung andererseits (Artmann/Herzmann 2016), etwa zwischen den Vorgaben und dem Anspruch auf Selbstbestimmung und Selbstregulierung, zwischen der selbstgestalteten und der angeleiteten Wissenskonstruktion oder der Nutzung als (Selbst-)Reflexionsinstrument gegenüber einem Bewertungsinstrument. Sicher ist es daher wichtig, dieses Spannungsfelder offensiv zu thematisieren und das Bewertungsverfahren transparent darzustellen.

Variante 3: Portfolio als Bewerbungsmappe

direkte Leistungsvorlage

In der Schulpädagogik wird Portfolio auch unter dem Stichwort der »direkten Leistungsvorlage« diskutiert – die Leistungen werden direkt vorgelegt und nicht über den informationsarmen und wenig objektiven Zwischenschritt der schulischen Zensur (z. B. Vierlinger 1999). Personal- bzw. Schulleiter machen sich nun selbst ein Bild der Leistungsfähigkeit des Bewerbers/der Bewerberin. Mittels einer kompakten, begründeten und gezielt ausgewählten Zusammenstellung versucht der Bewerber/die Bewerberin Stärken zur Geltung zu bringen und eigene Entwicklungsphasen darzustellen.

Auch für angehende Lehrerinnen und Lehrer könnte dieses Portfoliokonzept in Zukunft an Bedeutung gewinnen: Die zunehmende Gestaltungsfreiheit und Profilbildung von Schulen führt zu schulscharfen Ausschreibungen – Schulen suchen Lehrkräfte mit bestimmten Arbeitsschwerpunkten und Stärken. Diese können in einem Bewerbungsportfolio dargestellt werden.

12. Die mündliche Prüfung

- Schriftliche Gliederung
- Bloomsche Taxonomie
- Hinweise zum Prüfungsverlauf
- Fehlerquellen und ungeeignete Beurteilungskriterien

Die mündliche Prüfung – sofern im Studium verankert – ist Teil jeder Prüfungsordnung. Hier werden Dauer, Zustandekommen der Note, Zuordnung von Themen zur Prüfungs- und Studienordnung, Erläuterung der Note (auf Verlangen) oder Öffentlichkeit geregelt. Die Prüfungsordnung regelt also die juristisch korrekte und damit auch auf einer bestimmten Rechtsgrundlage einklagbare Durchführung der Prüfung. Selbstverständlich sollte man sich vor der Prüfung im Detail mit der gültigen Prüfungsordnung auseinandersetzen. Beispielsweise verlangen Studierende am Ende der Prüfung nur selten eine Begründung für die erteilte Note, was möglicherweise auf Unkenntnis der Prüfungsordnung zurückzuführen ist. Die mündliche Prüfung ist Teil einer Gesamtprüfung, zum Beispiel der »Ersten Staatsprüfung für das Lehramt an Gymnasien«.

optimale Zeitnutzung

Im Mittelpunkt der Prüfungsvorbereitung steht die Frage, wie man die verfügbare Zeit »optimal« nutzen und zu einem möglichst guten Prüfungsergebnis kommen kann. Daher wird sich jeder Prüfungskandidat/jede Prüfungskandidatin über den Verlauf der Prüfung Gedanken machen und zum Beispiel versuchen schwierige Situationen zu antizipieren.

Schriftliche Gliederung

Vorstrukturierung des Prüfungsthemas

Mündliche Prüfungen bestehen in aller Regel aus einem Schwerpunktthema und einem allgemeinen Teil. Der allgemeine Teil deckt das breite Spektrum des Faches ab (wird deshalb gelegentlich ebenfalls eingeschränkt). Ein oder mehrere Schwerpunktthemen können vereinbart werden. An den meisten Hochschulen bzw. bei den meisten Prüfer/innen ist es üblich, eine schriftliche Gliederung zur Vorstrukturierung des Prüfungsthemas einzureichen. Diese Gliederung dient als Verständigung zwischen Prüfer/in und Prüfungskandidat/in – man »verhandelt« über die Breite und Struktur der Gliederung, insbesondere auch über die Literatur. Für Studierende ist die Festlegung der Gliederung eine Chance: Thema und Lernprozess lassen sich strukturieren, und die Ungewissheit vor der Prüfung kann reduziert werden.

breite ... ... und vielfältige Gliederung

Wichtig erscheint mir, die Gliederung recht breit anzulegen. Obschon dadurch mehr gelernt werden muss, erleichtert dies das flexible Agieren in der Prüfung. Eine zu enge Gliederung provoziert weitergehende Fragen. Hilfreich ist es darüber hinaus, unterschiedliche Aspekte eines Themas zu benennen: theoretische Fundierungen und praktische Beispiele, Stärken und Schwächen einer Konzeption, forschungsmethodische Vertiefungen, empirische Forschungsergebnisse *und* die eigene persönliche Erfahrung und Bewertung, allgemeine Prinzipien und konkrete Fallbeispiele etc.

Versuchen Sie, die Gliederung mit einer doppelten Tiefenschicht zu versehen, sodass Sie die erste Schicht referieren und bei gezielten Fragen auf die zweite Schicht zurückgreifen können. Wer nach zwei Sätzen zu einem Gliederungs(unter)punkt nichts mehr sagen kann, der wird auf Nachfragen nicht reagieren können. Diese zweite Tiefenschicht kommt beispielsweise zur Geltung, wenn Sie bewusst bestimmte Begriffe nennen (auf Nachfragen hoffend) und dann diese Begriffe erläutern.

In fast allen Prüfungen wird nur ein Teil der Gliederung angesprochen und häufig die Struktur der Gliederung verlassen. Prüfungskandidat/innen sind dann möglicherweise enttäuscht, weil sie »umsonst« gelernt haben. Davon kann jedoch keine Rede sein. Eine breite Gliederung mit fundierten Kenntnissen gibt Ihnen Selbstvertrauen, erleichtert die Einordnung einer Frage und bereitet damit Ihren überzeugenden Auftritt vor.

Gliederungen können je nach Thema eine recht unterschiedliche Struktur haben. Dabei kristallisieren sich mehrere Strukturierungsmöglichkeiten heraus (Abb. 31, → Kopiervorlagen K 19–K 23).

Grundausrichtung	Beispiel eines Schwerpunktthemas	Kopiervorlage
begriffsbezogen	Umgang mit Heterogenität (im Unterricht)	→ K 19
	Zweigliedrigkeit (im deutschen Schulsystem)	→ K 23
personenbezogen	Die Pädagogik Maria Montessoris	→ K 20
forschungsmethodisch (quantitativ)	Methoden quantitativer Sozialforschung am Beispiel der Regressionsanalyse	→ K 21
forschungsmethodisch (qualitativ)	Methoden qualitativer Sozialforschung am Beispiel des Interviews	→ K 22

Abb. 31: Mögliche Grundausrichtungen einer Gliederung

Weitere Varianten sind selbstverständlich sinnvoll und möglich (z. B. problembezogen). Die genannten Möglichkeiten unterscheiden sich zwar, weisen gleichwohl eine systematisch-chronologische Struktur auf, d. h., sie sind, sofern möglich, zeitlich angeordnet und folgen einer inneren Logik: Sie beginnen in der Regel mit geschichtlichen Gliederungspunkten und enden mit Perspektiven oder (praktischen) Konsequenzen. Die innere Logik zeigt sich beispielsweise darin, dass zunächst ein Begriff definiert wird (z. B. kognitive Aktivierung), um auf dieser Grundlage anschließend Untersuchungsergebnisse oder Praxisbeispiele zu analysieren.

Literaturangaben

Ebenso variieren die Literaturangaben, auch dies wird in den Kopiervorlagen deutlich. Beispielsweise bietet es sich an, zum Thema »Maria Montessori« eine Primär- und eine Sekundärliteratur zu benennen – und nicht nur Sekundärliteratur heranzuziehen. Das Thema »Zweigliedrigkeit« hingegen kann z.T. mittels zusätzlicher Zeitschriftenartikel intensiver bearbeitet werden als über weitere Monografien.

Dozierende verlangen erfahrungsgemäß sehr unterschiedliche Gliederungen. Literaturangaben variieren ebenfalls beträchtlich. Die vier Kopiervorlagen (→ Kopiervorlagen K 19–K 23) sind daher lediglich Orientierungsbeispiele – erkundigen Sie sich in jedem Fall genau bei Ihrem Prüfer oder Ihrer Prüferin.

Bloomsche Taxonomie

Die bloomsche Taxonomie gilt nach wie vor als wichtige Strukturierung kognitiver Lernziele. Auch in der Literatur zur Prüfungsdidaktik oder zur Beurteilung von schriftlichen Arbeiten wird sie vielfach verwendet. Abbildung 32 verdeutlicht die Taxonomie anhand pädagogischer Themen und Beispiele.

Stufe	Beschreibung	Beispiele
Evaluation (Bewertung) ↑	Einen Sachverhalt im Hinblick auf innere Klarheit und/oder äußere Kriterien beurteilen.	• Die Konzeption zur Lesekompetenz der PISA-Studie durchleuchten. Welche Bereiche werden nicht erwähnt? Welche forschungsmethodischen Implikationen sind problematisch? • Zwei neuere Didaktikansätze (z. B. evolutionäre Didaktik, Bildungsgangdidaktik) anhand bestimmter Kriterien beurteilen/vergleichen.

Stufe	Beschreibung	Beispiele
Synthese ↑	Elemente und Teile zu einem stimmigen und begründeten Ganzen zusammensetzen.	• Aus verschiedenen Theorieansätzen, Diagnoseergebnissen und Kenntnissen über ein hyperaktives Kind wird ein Handlungsplan erstellt. • Auf der Grundlage forschungsmethodologischer und forschungsmethodischer Kenntnisse wird eine konkrete Fragestellung aus der Praxis entwickelt und ein Forschungsplan skizziert.
Analyse ↑	Themen/Theorien in ihre Bestandteile zerlegen, sodass Hierarchien und Beziehungen deutlich werden.	• Den Begriff »Offener Unterricht« in Ober- und Unterbegriffe einteilen, sowie historische Bezüge herstellen (z. B. mittels Strukturlegekärtchen).
Anwendung ↑	Allgemeine Regeln, Aussagen, Methoden auf praktische Anlässe und konkrete Situationen beziehen.	• Merkmale »guten« Unterrichts von Brophy/Good auf (eigene) Unterrichtssituationen beziehen. • Die »vier Seiten einer Nachricht« (Schulz von Thun) auf eine Gesprächssituation zwischen einer Lehrerin und einem Schulleiter anwenden können.
Verstehen ↑	Kenntnisse mit eigenen Worten wiedergeben. Eine Aussage dekodieren und in die eigene Sprache übersetzen, ohne den Sinn zu verletzen.	• Das Verhältnis von Mensch und Kosmos im Weltbild von Rudolf Steiner in eigenen Worten wiedergeben.
Kenntnisse ↑	Fakten werden aus der Erinnerung wiedergegeben und reproduziert.	• Die sechs Kompetenzstufen des Bereichs »Lesekompetenz« der PISA-Studie nennen. • Das Schulsystem von Finnland beschreiben.

Abb. 32: Kognitive Taxonomie (ver. n. Bloom 1972)

gute Strukturierungshilfe ... ... trotz kritischer Aspekte

Diese Taxonomie sollte nicht überstrapaziert werden, bietet jedoch geeignete und fassbare Strukturierungshilfen zur Vorbereitung und Bewertung einer mündlichen Prüfungsleistung. Die gestufte Anordnung sollte nicht dazu verleiten, die unteren Ebenen (Kenntnisse, Verstehen) zu gering einzustufen: Wer die Teilaspekte der Systemtheorie von Niklas Luhmann durchdringt und mit eigenen Worten wiedergeben kann, hat eine beachtliche Leistung erzielt. Die erste Stufe beschränkt sich auf die Wiedergabe gelernter Sachverhalte, diese Stufe kann im Prüfungsverlauf als Einstieg gewählt werden, zur Sicherung von unterstem Basiswissen, z. B. auch im Falle eines ungünstigen Prüfungsverlaufs. Die hierarchische Anordnung der bloomschen Lernzieltaxonomie muss inzwischen kritisch betrachtet werden. Beispielsweise ist es fraglich, ob eine Bewertung eine derart höhere Stufe darstellt als die Stufe des Verstehens. Das Durchdringen und Verstehen tieferer Schichten eines schwierigen Textes kann durchaus anspruchsvoller sein als wissensbasierte Bewertungen. Daher hängt die Bewertung nicht nur am Erreichen höherer Stufen, sondern auch an der Komplexität des jeweiligen Themas.

Hinweise zum Prüfungsverlauf

Die Einordnung von Fragen und Antworten in die bloomsche Taxonomie ist zwar hilfreich, aber sicher nicht ausreichend. Im Rahmen eines erziehungs- oder bildungswissenschaftlichen Studiums und insbesondere in der verdichteten Situation einer mündlichen Prüfung können weitere Hinweise wichtig sein.

Den Gesprächseinstieg vorbereiten

Begriffe gezielt setzen

Wer beginnt wie? Häufig können Studierende selbst den Einstieg wählen. Dies ist eine Chance, die es zu nutzen gilt. Überlegen Sie sich, mit welchem Thema und welchen Inhalten Sie beginnen möchten. Wählen Sie ein sicheres Terrain, sodass Sie allmählich in die Prüfung hineinfinden. Sorgen Sie auch dafür, dass Sie wichtige Begriffe gezielt setzen und auf Nachfragen gefasst sind. Wenn der Einstieg vorgegeben wird, dann sollte die Prüfungskommission bzw. einzelne Prüfer/innen mit einer Frage beginnen, die einen positiven Einstieg ermöglicht, beispielsweise einen Grundbegriff der Gliederung erfragen, oder eine eher offene Einstiegssituation skizzieren, die in jedem Fall ausreichend Antwortmöglichkeiten bietet.

Die Basis der Argumentation benennen

Einer der häufigsten Schwächen bei mündlichen Prüfungen ist der unreflektierte Wechsel der Begründungsbasis. Mindestens vier Richtungen lassen sich hier unterscheiden:

mögliche Argumentationsmuster

- Man kann erstens auf eine Frage mit einer eigenen Einschätzung (Alltagswissen) reagieren (»Meiner Meinung nach ...«);
- man kann zweitens auf die Meinung eines Dritten, z. B. eines Erziehungswissenschaftlers, verweisen (»Im Gegensatz zu Wolfgang Klafki würde Jürgen Baumert hierzu sagen ...«);

- man kann drittens theoretisch-systematisch argumentieren (»Auf der Grundlage des Konstruktivismus ist dazu Folgendes zu sagen ...«), und
- man kann viertens auf empirische Forschungsergebnisse verweisen (»Wie das Pfadmodell zur Lesekompetenz im Rahmen der PISA-Studie nahe legt ...«).

Nun ist die erste Argumentationsebene, die eigene Meinung, selbstredend nicht zwangsläufig die schlechteste, sie wird jedoch zu einer schwachen Antwort, wenn überhaupt nicht nach der eigenen Meinung gefragt war oder wenn die eigene Meinung überstrapaziert wird, wenn also zu viele Fragen nur über eine eigene Meinung beantwortet werden. Dies könnte von den Prüfer/innen so verstanden werden, dass Sie sich nicht intensiv genug mit der Thematik befasst haben (z. B. die Ebene 2 des Verstehens nach Bloom nicht ausreichend abdecken) oder gar den wissenschaftlichen Anspruch der Prüfung falsch einschätzen.

Beispiel

Ein typisches Beispiel: Im Rahmen des Prüfungsschwerpunktes »Gewalt an Schulen« könnte die Frage auftauchen: »Welcher Zusammenhang besteht zwischen häufigem Fernsehkonsum und Gewalt.« Wer hier nur mit der eigenen Erfahrung und Einschätzung (»Ich glaube ...«; »Im Praktikum konnte ich mit einer Schülerin sprechen ...«; »Die Tochter meines Bruders ...«; »Ich bin mir ganz sicher, dass ...«) argumentiert, erfüllt sicher nicht den Anspruch einer wissenschaftlichen Prüfung. Vielmehr wären hier empirische Untersuchungen zu benennen und zu analysieren oder eine medienpädagogische Grundposition heranzuziehen. Anschließend könnte – falls von den Prüfer/innen gewünscht – eine eigene Position vertreten werden.

Zum Umgang mit Fragen

Selbst wenn die Antwort sehr klar ist, lohnt es sich, in einigen Sätzen weiter auszuholen und zu zeigen, dass man diese Frage auch wesentlich breiter beantworten könnte. So kann man ...

Varianten

- die gewünschte Antwort in einen größeren Zusammenhang stellen: »Zunächst würde ich gerne kurz ausholen, um damit ...«;
- die Frage einordnen: »Ihre Frage zielt möglicherweise auf ...«;
- Verbindungen herstellen: »Diese Frage lässt sich sowohl mit ..., als auch mit ... und ... verbinden. Ich beginne zunächst ...«.

Sie nutzen damit eine Frage, um ein weites Terrain zu eröffnen, in dem Sie sich sicher fühlen. Da die Prüfungszeit kurz ist und Sie Ihr gelerntes Wissen nur ausschnittweise anbringen werden, ist es legitim, wenn Sie eine Frage nicht nur beantworten, sondern in der Antwort bereits weitere Belege Ihres Wissens verankern. Selbstverständlich ist nicht garantiert, dass der Prüfer/die Prüferin darauf eingehen wird, aber Sie haben dann immerhin bereits ein gewisses Spektrum angedeutet.

Bei Wissenslücken angemessen reagieren

nicht »Herumreden«!

In jeder Prüfung tauchen Fragen auf, die ein Prüfungskandidat/eine Prüfungskandidatin nicht beantworten kann. Was tun? Eine wenig geeignete Reaktion ist das »Herumreden«. Die Prüfungskommission, in jedem Fall der Prüfer bzw. die Prüferin des jeweiligen Themas wird das merken. Ausschweifende und nichts sagende Antworten provozieren Nachfragen. Die Gefahr erhöht sich also, dass das Prüfungsgespräch an einer ungünstigen Stelle verweilt und diese einen breiten Zeitraum (auch in der Erinnerung der Kommission) einnimmt. Mindestens drei alternative Antworten erscheinen mir geeigneter:

geeignete Alternativen

- Eine klare Antwort geben: »Tut mir Leid, mit dieser Frage habe ich mich bei der Vorbereitung nicht beschäftigt.«
- Um Konkretisierung oder Veränderung der Frage bitten: »Diese Frage habe ich nicht verstanden, könnten Sie die Frage bitte anders formulieren.« (Diese Antwort setzt voraus, dass Sie wirklich unsicher sind, was der Prüfer/die Prüferin wissen möchte.)
- Nachdenken und überlegen ob gute Verbindungen zu anderen Bereichen möglich sind: »Mit dieser Frage habe ich mich zwar noch nicht befasst, ich könnte mir aber vorstellen ...«; oder: »Das ist wirklich eine spannende Frage, ich könnte mir vorstellen ...«

Verbindungen herstellen

Nach wie vor verleitet die Fächerstruktur an Hochschulen zu gedanklich getrenntem Studium. Wenn bereits während des Studiums nur wenig vernetzt, problembezogen oder überfachlich gearbeitet wurde, dann ist die Wahrscheinlichkeit hoch, dass auch in der Prüfung vernetztes Denken vernachlässigt wird.

Bereits bei der Vorbereitung können die Prüfungsthemen vernetzt werden. Erziehungswissenschaft ist ein Grundlagenfach. Sämtliche erziehungswissenschaftliche Themen können daher fachspezifisch betrachtet werden. Eine Vernetzungsleistung besteht beispielsweise darin, erziehungswissenschaftliche mit fachdidaktischen Themen zu verbinden oder zumindest an fachspezifischen Beispielen zu konkretisieren, z. B.:

fachspezifische Beispiele

- Wer sich mit »Handlungsorientiertem Unterricht« befasst, könnte geschmeidig an produktionsorientierten Literaturunterricht anknüpfen

und beides unter der Gefahr des verkürzten »Bastelns und Hantierens« kritisch betrachten.
- Wer »Lernen und Spielen« als erziehungswissenschaftliches Thema ausgewählt hat, sollte einige fachspezifische Beispiele vorbereiten (z. B. sinnvolle Lernspiele im Grammatikunterricht; kommunikative Spiele im Fremdsprachenunterricht in höheren Klassen).

Verbindung der Prüfungsthemen: Beispiele

Eine weitere Vernetzungsleistung tritt auf, wenn Sie zwischen unterschiedlichen erziehungswissenschaftlichen Themen Verbindungen herstellen können. Die Art der Verbindung hängt hier stark von Ihren gewählten Prüfungsschwerpunkten ab und kann hier nur angedeutet werden:
- Wer sich mit der »Pädagogik von Célestin Freinet« einerseits und mit »empirischer Bildungsforschung am Beispiel der PISA-Studie« andererseits befasst, könnte zu der Frage kommen, inwiefern Freinet einen immer noch aktuellen Umgang mit Texten zu attestieren wäre.
- Wer sich mit der »bildungstheoretischen Didaktik von Wolfgang Klafki« einerseits und mit »Bildungsstandards« andererseits befasst, könnte den Zusammenhang zwischen formaler und materialer Bildung bei Klafki und einem domänenspezifischen Kompetenzbegriff diskutieren.

Eine gute Vernetzungsmöglichkeit liegt darüber hinaus darin, unterschiedliche Themen oder Praxisbeispiele unter einer gemeinsamen Theorie zu betrachten (z. B. »Beide Beispielen könnten konstruktivistisch begründet werden …, allerdings …«).

Warten Sie also nicht ab, bis in der Prüfung die Frage der Vernetzung auftaucht, sondern deuten Sie offensiv an geeigneten Stellen Querverbindungen an.

Eine eigene und begründete Position beziehen

eigene Position … … und Forschungsstand

Sicher werden es Prüfer/innen honorieren, wenn eine Kandidatin/ein Kandidat eine eigene Position beziehen und diese überzeugend begründen kann. Dies zeigt, dass man sich nicht beliebig vereinnahmen lässt und eigene Prioritäten im weiten Feld unterschiedlicher Denk- und Sichtweisen setzt. Allerdings sollte die eigene Position nicht zu häufig und nicht bei jeder Frage im Vordergrund stehen und zudem die Theorie- und Forschungslage nicht ignorieren (s.o.).

Eine kritische und reflektierte Position beziehen

Nicht jede eigene Position ist eine kritische Position und nicht jede kritische Position ist eine eigene Position. So kann man beispielsweise die Waldorfpädagogik durchaus kritisch analysieren und möglicherweise trotzdem zu einer positiven Gesamteinschätzung heutiger Waldorfschulen kommen. Man kann qualitative Forschung kritisieren und wird gleichwohl attestieren müssen, dass sie komplexe Situationen (z. B. im Unterricht) angemessener abbilden kann als quantitative Verfahren. Ebenso können quantitative Verfahren kritisiert werden, etwa weil der Subjektbezug verloren geht. Gleichwohl sind sie geeignet, um repräsentative Erkenntnisse zu generieren. Ein kritischer Blick wird deutlich, wenn man nicht vorschnell eine einseitige Position bezieht, sondern zunächst Gegenargumente darlegt und gewichtet (»Zunächst möchte ich die Position von Andreas Gruschka zur Methodenfrage darstellen …«). Wer euphorisch einer einzigen pädagogischen Richtung (oder Definition oder Theorie) folgt, zeigt sich wenig kritisch und reflektiert. »Reflexionsfähigkeit« zeigt man beispielsweise, wenn man andere Positionen auch dann honorieren kann, wenn sie nicht der eigenen entsprechen (also einen Perspektivenwechsel vollziehen kann), sowie Schwächen der eigenen Position benennen kann.

Fehlerquellen und ungeeignete Beurteilungskriterien

Ähnlich wie die schulische Zensurengebung sind auch mündliche Prüfungen durchdrungen von Fehlerquellen, d. h. von wesensfremden Entscheidungskriterien, die eigentlich nicht berücksichtigt werden sollten. Typische Fehlerquellen sind die folgenden (vgl. Bohl 2004, S. 66 ff.):

typische Fehlerquellen

- *Logischer Fehler (implizite Persönlichkeitstheorie):* Hier schließt der Prüfer von der Leistung eines Studenten vor der Prüfung auf die Leistung innerhalb der Prüfung, beispielsweise, wenn er den Studenten im Praktikum kennengelernt hat. Die Einschätzung muss zwar nicht falsch sein, stellt jedoch keine sachliche Basis einer professionellen Prüfungsbewertung dar.
- *Reihungsfehler:* In der Abfolge mehrerer Prüfungen scheuen sich Prüfer/innen möglicherweise, mehrfach hintereinander dieselbe Note zu erteilen.
- *Kontrast- oder Ähnlichkeitsfehler:* Hier schließt eine Prüferin von eigenen Kenntnissen (z. B. in ihrem langjährigen Forschungsgebiet) auf erwartete Kenntnissen der Studentin, d. h., wenn sie ein Thema prüft, in dem sie sich nicht derart sicher bewegt, wird sie möglicherweise weniger streng prüfen.

- *Milde- und Strengefehler:* Manche Prüfer/innen legen kontinuierlich einen strengeren Maßstab an als andere, oder sie variieren in der Strenge, z. B. aufgrund von Sympathie gegenüber bestimmten Prüfungskandidat/innen.
- *Tendenz zur Mitte:* Während in der Schule die Mitte bei der Note 3 bis 3,5 liegt, ist sie in der Hochschule wohl eher besser als 3. Aber auch in der Hochschule kann die Tendenz bestehen, extreme Noten, insbesondere extrem schlechte Noten zu meiden.
- *Haloeffekt (Hofeffekt):* Dieser Effekt tritt ein, wenn eine Eigenschaft eines Prüfungskandidaten die Note beeinflusst, obwohl kein Zusammenhang besteht, beispielsweise aufgrund der schlampigen Kleidung, aufgrund vermeintlich passiven oder unangemessenen Verhaltens in Lehrveranstaltungen oder aufgrund einer zu spät abgegebenen Gliederung.
- *Wissen-um-die-Folgen-Fehler:* Dieser Effekt könnte an Hochschulen zu bestimmten Zeiten besonders gravierend wirken, etwa bei schlechten Einstellungschancen von Lehramtsabsolvent/innen. Die Prüfer/innen urteilen hier milder, weil sie wissen, dass die Note unmittelbare Auswirkungen hat.
- *Pygmalion-Effekt:* Dieser Effekt beschreibt die komplexe Wechselwirkung von Vorannahmen des Prüfers/der Prüfer über einzelne Studierende und den daraus resultierenden spezifischen Interaktionen (z. B. Bevorzugung, Benachteiligung), die wiederum eine bestimmte Reaktion auf Seiten der Studierenden hervorrufen und damit z. B. Selbstkonzept, Motivation, Leistungsniveau beeinflussen. Der Effekt tritt besonders ein, wenn z. B. ein Prüfungskandidat eine mündliche Prüfung bereits nicht bestanden hat und wiederholt antritt.
- *Ermüdungseffekt:* Gegen Ende eines langen Prüfungstages können sich Ermüdungs- und Konzentrationsschwächen einstellen. Diese wirken nachteilig, wenn insbesondere bei schwachen Kandidat/innen nicht mehr konzentriert mitgedacht und flexibel reagiert werden kann. Andererseits kann dieser Effekt dann auch zu Nachgiebigkeit führen, wenn der Prüfer/die Prüferin selbstkritisch die eigene Schwäche erkennt.

Ziel: Subjektivität und Ungerechtigkeit vermindern

Diese Fehlerquellen lassen sich möglicherweise nicht grundsätzlich vermeiden. Allerdings ist es durchaus möglich, das Ausmaß an Subjektivität und Ungerechtigkeit zu vermindern – z. B. wenn man als Prüfer/in das eigene Verhalten und den Prüfungsverlauf selbstkritisch reflektiert. Die genannten Fehlerquellen fordern dazu heraus.

13. Literaturverzeichnis

Abel, J./Möller, R./Treumann, K. P. (Hrsg.) (1998): Einführung in die empirische Pädagogik. Stuttgart: Kohlhammer

Aebli, H. (1980): Denken: das Ordnen des Tuns. Band I: Kognitive Aspekte der Handlungstheorie. Stuttgart: Klett-Cotta

Aebli, H. (1981): Denken: das Ordnen des Tuns. Band II: Denkprozesse. Stuttgart: Klett-Cotta

Aeppli, J./Gasser, L./Gutzwiller, E./Tettenborn, A. (2014): Empirisches wissenschaftliches Arbeiten. Ein Studienbuch für die Bildungswissenschaften. Bad Heilbrunn: Klinkhardt, 3. Aufl.

Aeschbacher, U. (1989): »Reziprokes Lehren«. Eine amerikanische Unterrichtsmethode zur Verbesserung des Textverstehens. In: Beiträge zur Lehrerbildung. 7. Jg./Heft 2, S. 194–204

Altrichter, H. (1990): Ist das noch Wissenschaft? Darstellung und wissenschaftstheoretische Diskussion einer von Lehrern betriebenen Aktionsforschung. München: Profil

Altrichter, H./Posch, P. (1998): Lehrer erforschen ihren Unterricht. Eine Einführung in die Methoden der Aktionsforschung. Bad Heilbrunn: Klinkhardt, 3. Aufl.

American Psychological Association (2012): Publication Manual of the American Psychological Association. Washington: American Psychological Association, 6. Aufl.

Atteslander, P. (2003): Methoden der empirischen Sozialforschung. Berlin: De Gruyter, 10. Aufl.

Artmann, M./Herzmann, P. (2016): Portfolioarbeit im Urteil der Studierenden – Ergebnisse einer Interviewstudie zur LehrerInnenbildung im Kölner Modellkolleg. In: Ziegelbauer, S./Gläser-Zikuda, M. (Hrsg.): Portfolio als Innovation in Schule, Hochschule und LehrerInnenbildung. Perspektiven aus Praxis, Forschung und Lehre. Bad Heilbrunn: Klinkhardt, S. 131–146

Bänsch, A. (1996): Wissenschaftliches Arbeiten: Seminar- und Diplomarbeiten. München: Oldenbourg, 5. überarb. und erw. Aufl.

Barthel, W. (2001): Prüfungen – kein Problem! Weinheim: Beltz

Barton, J./Collins, A. (1993): Portfolios in Teacher Education. In: Journal of Teacher Education, 44. Jg./Heft 3, S. 200–210

Bleuel, J. (2001): Zitierung von Internet-Quellen. In: Hug, T. (Hrsg.): Einführung in das wissenschaftliche Arbeiten. Baltmannsweiler: Schneider, S. 383–398

Bloom, B.S. (Hrsg.) (1972): Taxonomie von Lernzielen im kognitiven Bereich. Weinheim: Beltz

Boehnke, H. (2000): Vom Referat bis zur Examensarbeit. Mit Sonderkapitel: Internet und elektronische Recherche. Niedernhausen: Falken Verlag

Bohl, T. (2004): Prüfen und Bewerten im Offenen Unterricht. Weinheim und Basel: Beltz

Bortz, J./Döring, N. (1995): Forschungsmethoden und Evaluation. Heidelberg: Springer

Bräuer, G. (1998): Schreibend lernen. Grundlagen einer theoretischen und praktischen Schreibpädagogik. Innsbruck und Wien: Studien Verlag

Bräuer, G. (2000): Schreiben als reflexive Praxis: Tagebuch, Arbeitsjournal, Portfolio. Freiburg i.B.: Fillibach

Bräuer, G. (2016): Das Portfolio als Reflexionsmedium für Lehrende und Studierende. Opladen und Toronto: Budrich/Utb, 2. Aufl.

Bünting, K./Bitterlich, A./Pospiech, U. (1996): Schreiben im Studium: mit Erfolg. Ein Leitfaden. Berlin: Cornelsen

Deutsches PISA-Konsortium (Hrsg.) (2001): PISA 2000. Basiskompetenzen von Schülerinnen und Schülern im internationalen Vergleich. Opladen: Leske und Budrich

Dietze, L. (1999): Mündlich: ausgezeichnet. Informationen, Tipps und Übungen für ein optimales Examen. Berlin: Cornelsen

Drinck, B. (Hrsg.) (2013): Forschen in der Schule. Opladen und Toronto: Budrich/UTB

Eberwein, H./Mand, J. (Hrsg.) (1995): Forschen für die Schulpraxis. Was Lehrer über Erkenntnisse qualitativer Sozialforschung wissen sollten. Weinheim: Deutscher Studien Verlag

Eco, U. (1992): Wie man eine wissenschaftliche Abschlußarbeit schreibt. Heidelberg: UTB/C.F. Müller, 5. Aufl.

Emer, W. (2000a): Begriffsklärungen. In: Horst, U./Ohly, K. P. (Hrsg.): Lernmethoden – Arbeitstechniken. Seelze: Friedrich, S. 76–77

Emer, W. (2000b): Rezension. In: Horst, U./Ohly, K.P. (Hrsg.): Lernmethoden – Arbeitstechniken. Seelze: Friedrich, S. 118–119

Engel, S./Preißner, A. (1998): Promotionsratgeber. München: Oldenbourg

Esselborn, H. (2014): Von der Idee zum Text. Ein Trainingsprogramm zum wissenschaftlichen Schreiben. München: UTB, 4. Aufl.

Esselborn-Krumbiegel, H. (2010): Richtig wissenschaftlich schreiben. Paderborn: Schöningh/UTB

Feder, L./Cramer, C./Krämer, H. (2017): Tübinger Portfolio Lehrer*innenbildung, Konzeption. http://www.uni-tuebingen.de/de/93381 [Zugriff: 23.11.2017]

Franck, N. (1998): Fit fürs Studium. Erfolgreich reden, lesen, schreiben. München: dtv

Freinet, E. (1981): Erziehung ohne Zwang. Der Weg Célestin Freinets. übers. und bearb. von H. Jörg München: DTV

Friebertshäuser, B./Prengel, A. (Hrsg.) (1997): Handbuch Qualitative Forschungsmethoden in der Erziehungswissenschaft. Weinheim u. a.: Juventa

Friedrichs, J. (1979): Methoden empirischer Sozialforschung. Reinbek bei Hamburg: Rowohlt

Groeben, N. (1988): Das Forschungsprogramm subjektive Theorien. Eine Einführung in die Psychologie des reflexiven Subjekts. Tübingen: Francke

Grunwald, K./Spitta, J. (1999): Wissenschaftliches Arbeiten. Grundlagen zu Herangehensweisen, Darstellungsformen und Regeln. Eschborn: Dietmar Klotz, 2. Aufl.

Gudjons, H./Traub, S. (2016): Pädagogisches Grundwissen. Bad Heilbrunn: Klinkhardt, 12. Aufl.

Gugel, G. (2003): Methoden-Manual II : »Neues Lernen«. Tausend neue Praxisvorschläge für Schule und Lehrerbildung. Weinheim und Basel: Beltz, 2. Aufl.

Gugel, G. (2004): Methoden-Manual I : »Neues Lernen«. Tausend Praxisvorschläge für Schule und Lehrerbildung. Weinheim und Basel: Beltz, 4. Aufl.

Gunzenhäuser, R./Haas, E. (2000): Promovieren mit Plan. Ihr individueller Weg von der Themensuche zum Doktortitel. Wien: Ueberreuther

Häcker, T. (2002): Der Portfolioansatz – die Wiederentdeckung des Lernsubjekts? Rezeption und Entwicklungen im deutschen Sprachraum. In: Die Deutsche Schule. 94. Jg./ Heft 2, S. 204–217

Häcker, T. (2012): Portfolioarbeit im Kontext einer reflektierenden Lehrer/innenbildung. In: Egger, R./Merkt, M. (Hrsg.): Lernwelt Universität. Entwicklung von Lehrkompetenz in der Hochschullehre. Wiesbaden: Springer VS, S. 263-289.

Hartmann, M./Frank, f./Nietmann, H. (1992): Präsentieren. Präsentationen: zielgerichtet und adressatenorientiert. Weinheim und Basel: Beltz, 2. Aufl.

Hascher, T./Sonntagbauer, C. (2013): Portfolios in der Lehrer/innenbildung – Bilanz, Rahmung und Ausblick. In: Koch-Priewe, B./Leonhard, T./Pineker, A./Störtländer, J. C. (Hrsg.): Portfolio in der LehrerInnenbildung. Konzepte und empirische Befunde. Bad Heilbrunn: Klinkhardt, S. 287-298

Hierdeis, I. (2001): Wie schreibe ich eine Rezension? In: Hug, T. (Hrsg.): Einführung in das wissenschaftliche Arbeiten. Baltmannsweiler: Schneider, S. 196–213

Holzkamp, K. (1993): Lernen. Subjektwissenschaftliche Grundlegung. Frankfurt a.M. und New York: Campus

Horst, U./Ohly, K. P. (Hrsg.) (2000): Lernmethoden – Arbeitstechniken. Seelze: Friedrich

Hug, T. (Hrsg.) (2001): Einführung in das wissenschaftliche Arbeiten. Baltmannsweiler: Schneider

Hug, T./Poscheschnik, G. (2010): Empirisch forschen. Konstanz und München: UVK/UTB

Jaspers, K. (1923): Die Idee der Universität. Berlin: Springer

Jele, H. (2003): Wissenschaftliches Arbeiten: Zitieren. München und Wien: Oldenbourg

Karmasin, M./Ribing, R. (2014): Die Gestaltung wissenschaftlicher Arbeiten. Ein Leitfaden für die Seminararbeit, Bachelor-, Master-, Magister- und Diplomarbeit sowie Dissertation. Wien: Facultas, 8. Aufl.

Kiel, E. (2001): Grundstrukturen wissenschaftlicher Diskurstätigkeit. Beschreiben, Interpretieren, Bewerten, Erklären, Begründen, Beweisen, Rechtfertigen, Bestreiten. In: Hug, T. (Hrsg.): Einführung in das wissenschaftliche Arbeiten. Baltmannsweiler: Schneider, S. 56–68

Knigge-Illner, H./Kruse, O. (Hrsg.) (1994): Studieren mit Lust und Methode. Neue Gruppenkonzepte für Beratung und Lehre. Weinheim: Deutscher Studien Verlag

Knoll, J. (1993): Kurs- und Seminarmethoden. Ein Trainingsbuch zur Gestaltung von Kursen und Seminaren, Arbeits- und Gesprächskreisen. Weinheim und Basel: Beltz

Koch-Priewe, B./Störtländer, J. C. (2016): Portfolio in Schule und LehrerInnenbildung – Zur Einschätzung neuerer Entwicklungen. In: Ziegelbauer, S./Gläser-Zikuda, M. (Hrsg.): Portfolio als pädagogisch-didaktische Innovation in Schule, Lehrerbildung und Hochschuldidaktik. Bad Heilbrunn: Klinkhardt, S. 265–279.

Kollmann, T./Kuckertz, A./Stöckmann, C. (2016): Das 1x1 des Wissenschaftlichen Arbeitens. Von der Idee bis zur Abgabe. Wiesbaden: Springer, 2. Aufl.

Kruse, O. (1994): Keine Angst vor dem leeren Blatt. Ohne Schreibblockaden durchs Studium. Frankfurt a.M.: Campus

Kühn, P. (2003): Lesekompetenz und Leseverstehen. Didaktisch-methodische Orientierungen zur Leseförderung im Muttersprachenunterricht. In: Lernchancen. 6. Jg./Heft 35, S. 4–9

Kührt, P. (2004): Quellenkritik im Internet. Empfehlungen für Recherchen im Unterricht. In: Die Deutsche Schule. 96. Jg./Heft 1, S. 85–93

Kultusministerkonferenz (Hrsg.) (2014): Standards für die Lehrerbildung: Bildungswissenschaften (Beschluss der Kultusministerkonferenz vom 16.12.2004 i. d. F. vom 12.06.2014). Berlin: Sekretariat der Kultusministerkonferenz

Lamnek, S. (1995a): Qualitative Sozialforschung. Band 1: Methodologie. Weinheim: Beltz/Psychologie Verlags Union, 3. Aufl.

Lamnek, S. (1995b): Qualitative Sozialforschung. Band 2: Methoden und Techniken. Weinheim: Beltz/Psychologie Verlags Union, 3. Aufl.

Leontjew, A.N. (1982): Tätigkeit – Bewusstsein – Persönlichkeit. Köln: Pahl-Rugenstein

Mayring, P. (1999): Einführung in die qualitative Sozialforschung. Weinheim: Beltz/Psychologie Verlags Union, 4. Aufl.

Meer, D. (1998): Der Prüfer ist nicht der König. Mündliche Abschlussprüfungen an der Hochschule. Tübingen: Niemeyer

Meyer, H. (1997): Schulpädagogik. Band I: Für Anfänger. Frankfurt a.M.: Cornelsen Scriptor

Moser, H. (1995): Grundlagen der Praxisforschung. Freiburg i.B.: Lambertus

Müller, C. (2001): SchreibLust. Von der Freude am wissenschaftlichen Schreiben. Münster: Votum

Oertner, M./St. John, I./Thelen, G. (2014): Wissenschaftlich Schreiben. Ein Praxisbuch für Schreibtrainer und Studierende. Paderborn: Fink

Pabst-Weinschenk, M. (2000): Reden im Studium. Berlin: Wissenschaftliche Buchgesellschaft Cornelsen Verlag

Peterßen, W. (1987): Wissenschaftliches Arbeiten: nicht leicht, aber erlernbar. München: Ehrenwirth

Peterßen, W. (2001): Wissenschaftliches Arbeiten: eine Einführung für Schule und Studium. München: Oldenbourg, 6. überarb. u. erw. Aufl.

Poenicke, K. (1989): Die schriftliche Arbeit: Materialsammlung und Manuskriptgestaltung für Fach-, Seminar- und Abschlussarbeiten an Schule und Universität. Mit vielen Beispielen. Mannheim, Wien, Zürich: Dudenverlag, 2. verb. Aufl.

Presler, G. (2002): Referate schreiben – Referate halten. Paderborn: Schöningh/UTB

Preißner, A. (2012): Wissenschaftliches Arbeiten. Internet nutzen – Text erstellen – Überblick behalten. München: Oldenbourg Wissenschaftsverlag, 3. Aufl.

Priebe, C. (2016): Reflexives Schreiben in Portfolio und Seminar. Zur doppelten Prozessualität von Schreibprozess und Seminarverlauf. In: Boos, M./Krämer, A./Kricke, M. (Hrsg.): Portfolioarbeit phasenübergreifend gestalten. Konzepte, Ideen und Anregungen aus der LehrerInnenbildung. Münster New York: Waxmann, S. 98–107

Pyerin, B. (2001): Kreatives wissenschaftliches Schreiben: Tipps und Tricks gegen Schreibblockaden. München: Juventa

Rost, f. (1999): Lern- und Arbeitstechniken für pädagogische Studiengänge. Opladen: Leske und Budrich, 2. Aufl.

Rost, D. h. (2005): Interpretation und Bewertung pädagogisch-psychologischer Studien. Weinheim und Basel: Beltz

Rückriem, G./Stary, J./Franck, N. (1992): Die Technik wissenschaftlichen Arbeitens. Eine praktische Anleitung. Paderborn u. a.: Schöningh, 7. Aufl.

Samel, I. (2000): Einführung in die feministische Sprachwissenschaft. Berlin: Erich Schmidt Verlag, 2. überarb. und erw. Aufl.

Schräder-Naef, R. (1989): Rationeller Lernen lernen. Weinheim und Basel: Beltz, 15. Aufl.

Sesink, W. (1999): Einführung in das wissenschaftliche Arbeiten ohne und mit PC. München: Oldenbourg, 4. Aufl.

Silvia, P.J./Delaney, P.F./Marcovitch, S. (2014): Essentielle Tipps für Bachelor-Studierende der Psychologie. Berlin und Heidelberg: Springer

Spaemann, R./Löw, R. (Hrsg.) (1991): Die Frage wozu? Geschichte und Wiederentdekkung des teleologischen Denkens. München: Piper, 3. Aufl.

Stary, J.H./Kretschmer, H. (1994): Umgang mit wissenschaftlicher Literatur. Eine Arbeitshilfe für das sozial- und geisteswissenschaftliche Studium. Berlin: Cornelsen Scriptor

Steinbuch, U. (1998): Raus mit der Sprache. Ohne Redeangst durchs Studium. Frankfurt a.M. und New York: Campus

Stickel-Wolf, C./Wolf, J. (2001): Wissenschaftliches Arbeiten und Lerntechniken. Erfolgreich studieren – gewusst wie! Wiesbaden: Gabler

Theisen, M.R. (1997): Wissenschaftliches Arbeiten: Technik – Methodik – Form. München: Vahlen, 8. aktualisierte und erw. Aufl.

Topsch, W. (1994): Examensarbeiten/Semesterarbeiten: Hilfen und Anregungen für die Gestaltung von Texten im Bereich der Erziehungswissenschaft. Oldenburg: Oldenburger Vordrucke des Zentrum für pädagogische Berufspraxis Heft 223

Topsch, W. (2006): Leitfaden: Examensarbeit für das Lehramt. Bachelor- und Masterarbeiten im pädagogischen Bereich. hrsg. von Eiko Jürgens. Weinheim und Basel: Beltz, 2. überarb. und erw. Aufl.

Vierlinger, R. (1999): Leistung spricht für sich selbst. »Direkte Leistungsvorlage« (Portfolios) statt Ziffernzensuren und Notenfetischismus. Heinsberg: Dieck-Verlag

Wahl, D./Wölfing, W. (1995): Erwachsenenbildung konkret. Beltz. Weinheim, 4. Aufl.

Weber, M. (1972): Wirtschaft und Gesellschaft. Grundriß der verstehenden Soziologie. Studienausgabe. Tübingen: J.C.B. Mohr (Paul Siebeck), 5. Aufl.

Werder, L. v. (1996): Lehrbuch des kreativen Schreibens. Berlin: Schibri

Wildt, J./Gaus, O. (Hrsg.) (2001): Journalistisches Schreiben für Wissenschaftler. Neuwied: Luchterhand

Will, H. (1994): Mini-Handbuch Vortrag und Präsentationen. Für Ihren nächsten Auftritt vor Publikum. Weinheim und Basel: Beltz

Winter, f. (2004): Leistungsbewertung. Eine neue Lernkultur braucht einen anderen Umgang mit Schülerleistungen. Hohengehren: Schneider

Ziegelbauer, S./Gläser-Zikuda, M. (Hrsg.): Portfolio als Innovation in Schule, Hochschule und LehrerInnenbildung. Perspektiven aus Praxis, Forschung und Lehre. Bad Heilbrunn: Klinkhardt

14. Kopiervorlagen

K 1: Orientierung in der lokalen Hochschulbibliothek

Machen Sie sich in Ihrer Bibliothek kundig!	
1.	Öffnungszeiten
2.	Räumlichkeiten und Architektur
3.	Computerplätze (Anzahl, Ausstattungsunterschiede)
4.	Elektronische Recherchemöglichkeiten (z.B. E-Books, E-Journals)
5.	Aufgaben des Bibliothekpersonals
6.	Systematik der Bibliothek (Signaturen, Präsenz, Fachsystematik)
7.	Systematik der Fachzeitschriften (Ausleihe, präsente Jahrgänge, elektronisch verfügbare Journals)
8.	Voraussetzungen zur Ausleihe (Anmeldung, Ausweis etc.)
9.	Ausleihfristen und Mahngebühren
10.	Verfahren zur Vorbestellung
11.	Verfahren zur Fernleihe
12.	Kaufwünsche (Dauer, bis der gewünschte Band verfügbar ist)
13.	Ausleihe weiterer Materialien: Video, CDs, DVDs etc.
14.	Recherche- und Ausleihmöglichkeiten über Internet
15.	Kopiermöglichkeiten in der Bibliothek (Copycard?)
16.	Standort der Semesterapparate der Dozent/innen
17.	Weitere lokale Ausleihmöglichkeiten (z.B. Stadtbibliothek, Kreisbildstelle)
18.	?
19.	?

K 2: Profil von Fachzeitschriften: Analysekriterien

Grundlegende Angaben	• Titel • Verlag / Ort / Land • Signatur/Standort/Ausleihmöglichkeiten • Erscheinungsweise (z.B. monatlich, vierteljährlich)
Profil	• Zielgruppe (z.B. Wissenschaft, Schulen, Eltern)? • nationale oder internationale Ausrichtung? • Länge, Struktur, Dukktus der Beiträge? • Themenschwerpunkt oder Beitragssammlung? • Inhaltliches Profil (z.B. empirische Beiträge, Essays, Praxisberichte)? • Disziplinübergreifende Beiträge? • Niveau der Beiträge (z.B. Berücksichtigung internationaler Forschungsstand)? • Rubriken (z.B. Rezensionen, Magazin, Diskussionsforen, Internetforen)? • Englischsprachige Zusammenfassungen?
Aufmachung und Layout	• Erscheinungsbild (z.B. Druckqualität, Fehlerhäufigkeit)? • Ansprechend? Grafiken? Fotos? Lesbarkeit? Format? • Qualität im Detail (z.B. einheitliche Literaturangaben)?
Redaktion und Beirat	• Besetzung (international, national, regional)? • Verschiedene Personengruppen (z.B. Wissenschaft, Schule)?
Konkurrenz	• Zeitschriften anderer Verlage mit ähnlicher Zielgruppe? • Preisvergleich?
Renommee	• Was meinen Fachleute? • Alter / Jahrgang (evtl. mit ähnlichen Zeitschriften vergleichen)?
Sonstiges	• Regelmäßige Sonder- oder Beihefte? • Profil des Verlags? • Zusätzliches Internetangebot? • Veröffentlichungsorgan eines Verbandes? • Anteil an Anzeigen und Werbung? • Elektronische Verfügbarkeit (z.B. Open Access)?

K 3: Blankoraster zur Zeitplanung (sechs Monate)

	V	N	A	V	N	A	V	N	A	V	N	A	V	N	A	V	N	A
Mo																		
Di																		
Mi																		
Do																		
Fr																		
Sa																		
So																		
Mo																		
Di																		
Mi																		
Do																		
Fr																		
Sa																		
So																		
Mo																		
Di																		
Mi																		
Do																		
Fr																		
Sa																		
So																		
Mo																		
Di																		
Mi																		
Do																		
Fr																		
Sa																		
So																		

☒ Inhaltl. Arbeit/Schreiben	☐ Organisation/Recherche/ Vorbereitung	V = Vormittag / N = Nachmittag A = Abend

K 4: Struktur eines Exzerpts

Codierung:	Standort:	Signatur:
Bibliografische Angaben:		
Exzerpt		**Kommentar/Hinweise**
Relevanz für die eigene Arbeit / Zentrale Aspekte		
Gesamteinschätzung		

K 5: Literaturangaben (gängige Beispiele)

	Stil Erziehungswissenschaft	**Stil APA**
Monografie	Syring, M. (2017): Classroom Management. Theorien, Befunde, Fälle – Hilfen für die Praxis. Göttingen: Vandenhoeck & Ruprecht	Shotton, M. A. (1989). *Computer addiction? A study of computer dependency*. London, England: Tayloer & Francis.
Herausgeber eines Sammelbandes	Neumann, M./Becker, M./Baumert, J./Maaz, K./Köller, O. (Hrsg) (2017): Zweigliedrigkeit im deutschen Schulsystem. Potenziale und Herausforderungen in Berlin. Münster und New York: Waxmann	VandenBos, G. R. (Ed.). (2007). *APA dictionary of psychology*. Washington, DC: American Psychological Associaton.
Artikel in Zeitschriften	Drewek, P. (2013): Das dreigliedrige Schulsystem im Kontext der politischen Umbrüche und des demographischen Wandels im 20. Jahrhundert. In: Zeitschrift für Pädagogik. 59. J./Heft 4, S. 508–525	Light, M. A. & Light, I. H. (2008). The geographic expansion of Mexican immigration in the United States and ist implications for local law enforcement. *Law Enforcement Executive Forum Journal*, 8(1), 73–82.
Beitrag in einem Sammelband	Van Ackeren, I./Kühn, S. (2017): Homogenität und Heterogenität im Schulsystem. In: Bohl, T./Budde, J./Rieger-Ladich, M. (Hrsg.): Umgang mit Heterogenität in Schule und Unterricht. Grundlagentheoretische Beiträge, empirische Befunde und didaktische Reflexionen. Bad Heilbrunn: Klinkhardt/UTB, S. 175–190	Haybron, D. M. (2008). Philosophy and the science of subjective well-being. In M. Eid & R. J. Larsen (Eds.), *The science of subjective well-being* (pp. 17–43). New York, NY: Guilford Press
Internetquellen	Beispiel Forschungsbericht: Stanat, P./Böhme, K./Schipolowski, S./Haag, N. (Hrsg.) (2016): IQB-Bildungstrend 2015. Sprachliche Kompetenzen am Ende der 9. Jahrgangsstufe im zweiten Ländervergleich. Münster und New York: Waxmann. URL: https://www.iqb.hu-berlin.de/bt/BT2015/Bericht [Zugriff: 23.11.2017]	Beispiel Online Enzyklopädie Graham, G. (2005). Behaviorism. In: E. N. Zalat (Ed.), *The Standford encyclopedia of philosophy* (Fall 2007 ed). Retrieved from http://plato.stanford.edu/entries/behaviorism

K 6: Korrektur eines Literaturanhangs

Korrigieren und vereinheitlichen Sie diesen Auszug aus dem Literaturanhang einer Hausarbeit (Stil: Erziehungswissenschaft):

Horster, L. u. a.: Unterrichtsentwicklung. Grundlagen, Praxis, Steuerungsprozesse. Beltz 2001

Beck: Eigenständiges Lernen – eine Herausforderung für Schule und Lehrer - bildung. In: Beiträge zur Lehrerbildung, 7. Jg./Heft 2, S. 169–178.

Bennett, B. (2002): Unterrichtsentwicklung braucht pädagogische Intelligenz. In: Journal für Schulentwicklung. 6. Jg./2002/Heft 4, S. 48ff

Gasser, P. (1999): Neue Lernkultur. Eine integrative Didaktik. Sauerländer.

Glötzl, H.: Prinzipien effektiven Unterrichts. Handbuch für die Erziehungs- und Unterrichtspraxis. Band 1. Klett: Stuttgart, 2000

Gudjons, H. (2002): Vom Wert pädagogischen Erfahrungswissen. In: Pädagogik, 12. Jg./Heft 54, S. 6–8

Heckhausen, H./Gollwitzer, P. M./Weinert, F. E (1987) (Hrsg.): Jenseits des Rubikon: Der Wille in den Humanwissenschaften. Berlin u. a.: Springer.

Klippert, H. (2000): Methoden-Training. Weinheim & Basel: Beltz, 11. Aufl.

Klippert, H.: Teamentwicklung im Klassenzimmer. Weinheim und Basel: Beltz, 4. Aufl. 2000

Klippert, H. (32000): Planspiele. Weinheim und Basel: Beltz-Verlag

Kraft, S. (1999): Selbstgesteuertes Lernen. Problembereiche in Theorie und Praxis. In: Zeitschrift für Pädagogik, 45. Jg./1999/Heft 6, S. 833–845.

Konrad (2001): Selbstregulative Prozesse und Wissenserwerb. Ein Vergleich zwischen Lerntandems und Einzellernen. In: Psychologie und Erziehung und Unterricht, 48. Jg./S. 120–134.Thurler, M. G/Schratz, M. (2002): Effizientes Lernen als Herausforderung für Schulentwicklung. Editorial. In: Journal für Schulentwicklung, 6. Jg./2002/H. 4, S. 4–11.

K 7: Glaubwürdigkeitsprüfung von Internetquellen

Glaubwürdigkeitsprüfung für

URL: _____

1. Wie lauten Vor- und Nachname des Verfassers/der Verfasserin?	
2. Wann wurde der Beitrag verfasst bzw. im Internet veröffentlicht?	
3. Wann wurde die Internetseite zuletzt aktualisiert?	
4. Welche Organisation oder Gruppe ist für die Internetseite verantwortlich (z.B. Interessensgruppe, Verband, staatliche Institution)?	
5. Welche Informationen sind über diese Organisation – über die Angaben auf der Internetseite hinaus – erhältlich?	
6. Welche Inhalte werden auf der Internetseite veröffentlicht (z.B. wissenschaftliche Arbeiten, Meinungen von Privatpersonen)?	
7. Ist die Domain bekannt oder leicht ermittelbar?	
8. Welche weiteren Links sind angegeben? Funktionieren die Links?	
9. Sind weitere Publikationen des Verfassers/der Verfasserin bekannt (Verlag)?	
10. Wie wirkt das Design der Internetseite (z.B. kommerziell, ist Werbung enthalten)?	
11. Wie ist die innere Qualität des Beitrags einzuschätzen (Wissenschaftlichkeit? wird zitiert? innere Logik? Ausgewogenheit?)	
Gesamteinschätzung: Die Quelle ist glaubwürdig	**Ja** ☐☐☐☐☐ **Nein**

ver. n. Kührt, P. (2004): Quellenkritik im Internet. Empfehlungen für Recherchen im Unterricht. In: Die Deutsche Schule. 96. Jg./2004/Heft 1, S. 85–93

K 8: Begründung in Fußnoten zur Verwendung der »adäquaten« Sprachform: Lehrer/in oder Lehrer oder LehrerIn oder Lehrende?

① »Die Terminologie dieses Textes folgt dem Hinweis Hartmut von Hentigs (1992), daß die Begriffswörter unserer Sprache kein Geschlecht haben und ihre Deklination nur ›so tut, als ob‹ dies der Fall sei. Als ›Schüler‹ werden deshalb zumeist nicht deren wichtigste Untergruppen, die Schülerinnen und Schüler, bezeichnet, sondern jene Mitglieder der Institution Schule, deren primäre Aufgabe das dortige Lernen ist. Ebenso wird das Wort ›Lehrer‹ zumeist verwendet für jene Mitglieder der Institution, die dort lehren. Gleichwohl haben diese Begriffswörter eine Geschichte, die durchaus eine politische und somit herrschaftsbestimmte ist, gegen die allerdings das Lexikon dieses Textes nicht antritt, der – eh befrachtet mit einer umfangreichen, speziellen Begrifflichkeit und deshalb in steter Gefahr undidaktischer Wirkung – die wenig lernförderliche, weil zumindest übermäßig redundante Daueraufflistung von fast identischen Substantiven meidet. Werden im Folgenden bestimmte Gruppierungen unter den Schülern und Lehrern bezeichnet bzw. wird auf die gruppengleiche Geltung von Aussagen besonderer Wert gelegt, so zeigen sich die Gruppenbezeichnungen: von Schülerinnen bzw. Schülern oder von Lehrerinnen bzw. Lehrern wird dann die Rede sein. In gleicher Weise werden auch andere Termini unserer sozialen Welt behandelt.«

Fazit: **Lehrer**
Quelle: Arnold, K.-H. (1999): Fairneß bei Schulsystemvergleichen. Münster u. a.: Waxmann, S. 1

---

② »Wir verwenden teils die männliche, häufiger die weibliche Form, meinen aber immer beide Geschlechter.«

Fazit: **Lehrerin oder Lehrer** (egal)
Quelle: Kretschmer, H./Stary, J. (1998): Schulpraktikum. Eine Orientierungshilfe zum Lernen und Lehren. Frankfurt a.M.: Cornelsen Scriptor, S. 6

---

③ »Wir schreiben im folgenden ›Lehrerinnen‹, wenn Lehrer und Lehrerinnen gemeint sind, da überwiegend Frauen unterrichten.«

Fazit: **Lehrerinnen** (immer)
Quelle: Becker, G./Scholz, G. (1995): Beobachten im Schullalltag: ein Studien- und Praxisbuch. Frankfurt a. M.: Cornelsen Scriptor, S. 9

---

④ »Da wir mit diesem Buch einen informativen Studientext vorlegen möchten, meinen wir auf die redundante, gleichwohl ›politisch korrekte‹ Nennung beider Geschlechter dann verzichten zu können, wenn beide Gruppierungen gemeint sind. Mit ›Schülern‹ bezeichnen wir Schülerinnen und Schüler und mit ›Lehrern‹ Lehrerinnen und Lehrer.«

Fazit: **Lehrer**
Quelle: Arnold, K.-H./Jürgens, E. (2001): Schülerbeurteilung ohne Zensuren. Neuwied: Luchterhand, S. 2

---

⑤ »Ich verwende bisweilen nur männliche Formen, um ›Wortungetüme‹ zu vermeiden, meine das andere Geschlecht aber immer mit.«

Fazit: **Lehrer**
Quelle: Kiel, E. (2001): Grundstrukturen wissenschaftlicher Diskurstätigkeit. Beschreiben, Interpretieren, Bewerten, Erklären, Begründen, Beweisen, Rechtfertigen, Bestreiten. In: Hug, T. (Hrsg.): Einführung in das wissenschaftliche Arbeiten. Baltmannsweiler: Schneider, S. 56–68

---

⑥ »In vielen aktuellen Veröffentlichungen findet sich zu Beginn des Werkes eine kleine Fußnote, die darauf hinweist, dass bei bestimmten männlichen Substantiven, wie z. B. Jurist, Arzt oder Lehrer auch die weiblichen Personen in diesem Beruf mitgedacht seien, doch zugunsten eines besseren Leseflusses auf die Setzung ihrer spezifischen Substantive (Juristin, Ärztin, Lehrerin) verzichtet würde. Es wird damit angedeutet, dass man sich einer Problemlage bewusst ist, jedoch im Dienste des Textes ihre Lösung hintanstellt. Aus der feministischen Diskussion stammt jedoch der Hinweis, dass die Ungleichbehandlung und Ungleichbedeutung der Frau in unserer Gesellschaft auch in der Sprache zum Ausdruck kommt. Wer nicht mitgenannt wird, so ihr Vorwurf an jene, die den historischen Sprachgebrauch nicht zu verändern suchen, sei letztlich auch nicht mitgedacht und nicht mitgemeint. Friedrike Braun macht in einem Aufsatz darauf aufmerksam, dass das generische Maskulin, das stellvertretend für beide Geschlechter benutzt wird, ›nicht als neutral verstanden (wird), sondern (...) in der Mehrzahl Bilder von männlichen Personen hervor(ruft) oder (...) die Rezipierenden zu der Annahme (führt), dass die Aussage nicht für Frauen gilt.‹ (vgl. ›Das große I und seine Schwestern – eine kritische Bewertung‹ in der Zeitschrift ›Der Deutschunterricht‹ 1/96, S. 56) Sie beruft sich dabei auf Untersuchungen von Josef Klein aus dem Jahre 1988. Zwar würden, so ergänzt sie, auch bei den alternativen Formulierungen teilweise männerlastige Assoziationen festgestellt, vor allem wenn Neutralformen in männlich dominierten Kontexten verwendet werden, doch sei diese Tendenz beim Gebrauch des generischen Maskulinums signifikant stärker. Ich möchte nicht zugunsten des Leseflusses darauf verzichten, beide Geschlechter dort zu nennen, wo sie gemeint sind. Nicht nur, um entsprechend der Thematik meiner Arbeit an einer Entwicklung der Gleichberechtigung mitzuwirken, sondern auch, weil ich es für eine differenzierte Betrachtung im obigen Sinn für notwendig halte, den kleinen, aber möglicherweise feinen Unterschied durch falsche Konnotationen zu vermeiden. Weil ich jedoch in Anlehnung an Braun, nach Hellinger/Bierbach (1993) den Schreibweisen mit Klammer oder Schrägstrich den Eindruck der sekundären Nennung weiblicher Personen zuschreibe (vgl. ebd.), bemühe ich mich um Beidnennung, wo es mir möglich und sinnvoll erscheint, und bediene mich ansonsten des großen I, wo Kürze gefragt ist. (vgl. Katja Kansteiner-Schänzlin, 1999) Außerdem nenne ich alle AutorInnen, wenn ich sie erstmalig zitiere, mit ihrem vollen Namen, damit ersichtlich ist, ob die Aussage von einer Frau oder einem Mann stammt.«

Fazit: **Lehrerinnen und Lehrer wenn möglich, ansonsten LehrerInnen**

Quelle: Kansteiner-Schänzlin, K. (2002): Personalführung in der Schule. Übereinstimmungen und Unterschiede zwischen Frauen und Männern in der Schulleitung. Bad Heilbrunn: Klinkhardt, S. 13

---

⑦ »Soweit die nachfolgenden Bestimmungen Begriffe wie Bewerber, Professor, Prüfer, Vertreter, Vorsitzender und dergleichen enthalten, sind dies funktionsbezogene Beschreibungen, die gleichermaßen auf Frauen und Männer zutreffen.«

Fazit: **Lehrer**

Quelle: Verordnung des Kultusministeriums über die Künstlerische Staatsprüfung für das Lehramt an Gymnasien (Künstlerische Prüfungsordnung), § 1, Abs. 3, Online: http://www.mh-freiburg.de [Zugriff: 23.11.2017]

---

⑧ »Der Gender Gap ist eine nicht-diskriminierende Schreibweise (vgl. S_he 2003). In dieser queer-feministischen Rechtschreibung steht zwischen dem Wortstamm und dem Anhängsel ›innen‹ ein Unterstrich. Der Unterstrich symbolisiert, dass es sich bei einer Personengruppe nicht nur um zwei Geschlechter handelt. Er ist eine symbolische Geschlechter-Lücke (Gender Gap) für alle anderen Geschlechter. Bsp.: Mit Teilnehmer_innen sind somit alle Personen gemeint, die sich weiblich, männlich, trans, intersexuell oder nicht-ident verorten. Die Unterstrich-Schreibweise kann im Sprechen mit einer Pause oder mit dem Wort ›Unterstrich‹ gekennzeichnet werden.«

Fazit: **Lehrer_innen oder Lehrer*innen**

Quelle: Gender Institut Bremen. Diversität in Bildung und Wissenschaft e.V. URL: http://www.gender-institut-bremen.de/glossar/gender-gap.html [Zugriff: 23.11.2017]; Bezug nehmend auf S_he (2003): Performing the Gap. Queere Gestalten und geschlechtliche Aneignung, URL: http://arranca.org/ausgabe/28/performing-the-gap [Zugriff: 23.11.2017]

K 9: Blankoraster zur Begriffsanalyse

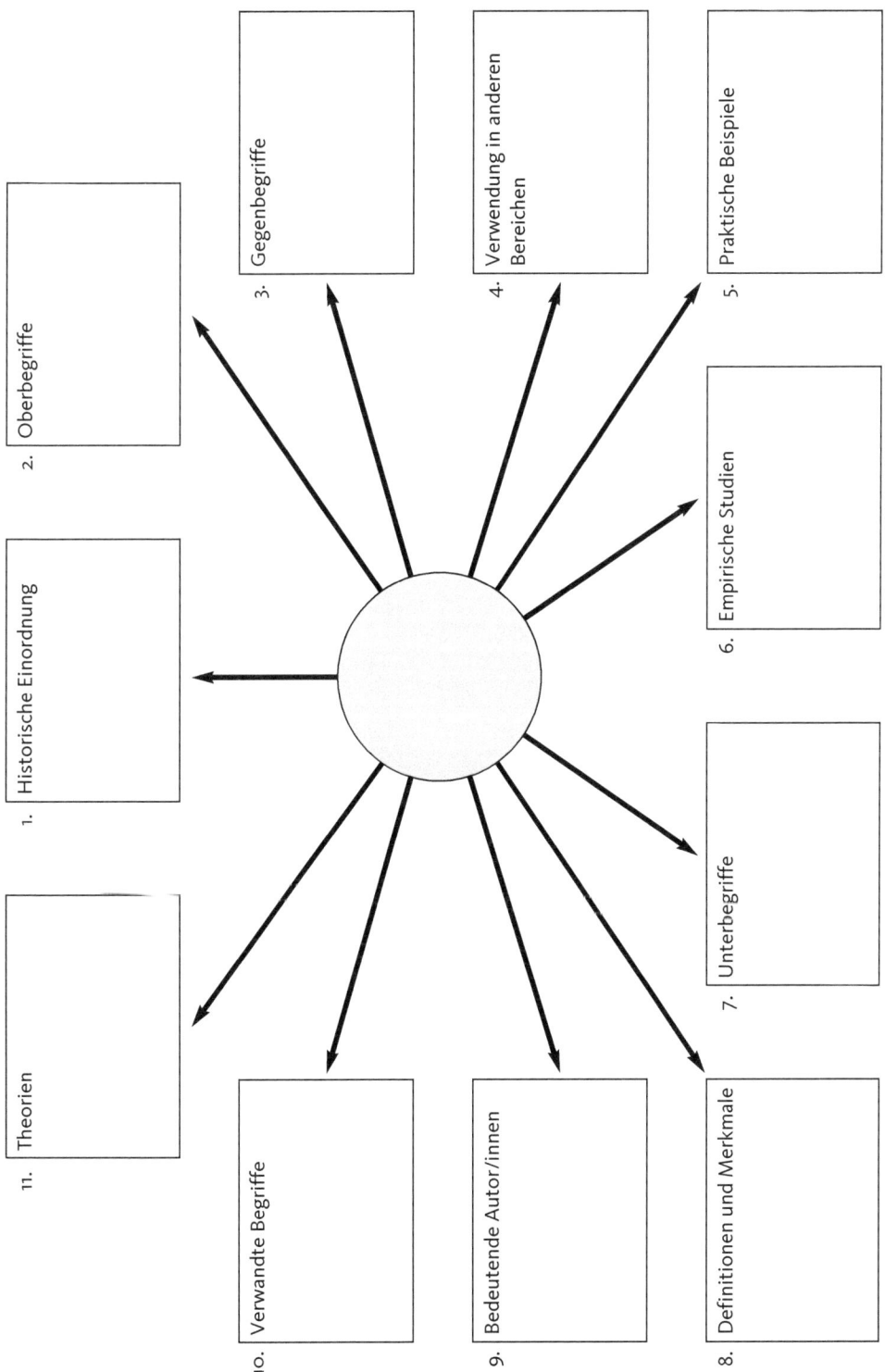

K 10: Checkliste Hausarbeit

Inhalt		• Themaherleitung und -begründung • Reflexionsebenen • Zentrale Begriffe
	!	• Systematik, innere Stabilität und roter Faden
		• Anteil reproduktiver – eigenständiger Beiträge • Reihenfolge: Beschreiben, Analysieren, Interpretieren, Bewerten
Gliederung		• Deckblatt • Inhaltsverzeichnis
	Hauptteil	• Einleitung (z.B. zentrale Fragestellung, inhaltliche Einführung, Begründung und Darstellung der Vorgehensweise) • Forschungsstand • Abhandlung des Themas • Schlussteil (z.B. Zusammenfassung, Fazit, offene Fragen, persönliche Einschätzung, Ausblick)
		• Literaturverzeichnis (vollständig, einheitlich) • Anhang • Ggf. persönliche oder eidesstattliche Erklärung
Sprache, Rechtschreibung etc.		• (Neue) Rechtschreibkontrolle durchgeführt? • Substantivierung vermeiden • Wiederholungen vermeiden, z.B. », dass ...« • Schachtelsätze vermeiden
Layout		• Schriftgröße 12pt, Überschriften höchstens 14pt • Ränder: rechts 3cm, links 3cm, oben und unten 2,5cm • Dezente Visualisierungen • Sauberer und vollständiger Ausdruck
Formaler wissenschaftlicher Anspruch		• Korrekte und einheitliche Zitation • Konjunktiv bei fremdem Gedankengut • Korrektes und einheitliches Literaturverzeichnis
Sonstiges		• Sauberer und vollständiger Ausdruck? • ?

K 11: Rückmeldebogen für eine schriftliche Arbeit

(für Dozent/innen)

Verfasser/in:	
Lehrveranstaltung:	
Thema der Arbeit:	

Deckblatt

1	Anschrift/Dozent/Lehrveranstaltung/ Studiengang- und Semester/Fächer	vollständig	☐☐☐☐☐	unvollständig

Gliederung

2	vollständig (Inhaltsverzeichnis, Einleitung, Schlussteil etc.)	zutreffend	☐☐☐☐☐	nicht zutreffend
3	sachlogisch und konsequent (z.B. Ebenen)	zutreffend	☐☐☐☐☐	nicht zutreffend

»Inhaltliche Abhandlung« (bei theoriebezogenen Arbeiten)

4	Herleitung und Begründung der Fragestellung	angemessen	☐☐☐☐☐	nicht angemessen
5	Theorien und zentrale Begriffe	angemessen	☐☐☐☐☐	nicht angemessen
6	roter Faden	angemessen	☐☐☐☐☐	nicht angemessen
7	Breite	angemessen	☐☐☐☐☐	nicht angemessen
8	Tiefgang und inhaltliche Substanz	angemessen	☐☐☐☐☐	nicht angemessen
9	Darstellung, Interpretation und Diskussion der Ergebnisse	angemessen	☐☐☐☐☐	nicht angemessen

»Inhaltliche Abhandlung« (bei empirischen Arbeiten)

10	Herleitung und Begründung der Fragestellung	angemessen	☐☐☐☐☐	nicht angemessen
11	theoriebezogene Einordnung	angemessen	☐☐☐☐☐	nicht angemessen
12	Forschungsstand	angemessen	☐☐☐☐☐	nicht angemessen
13	Übergang Theorie-Empirie	angemessen	☐☐☐☐☐	nicht angemessen
14	Operationalisierung der Fragestellung(en)	angemessen	☐☐☐☐☐	nicht angemessen
15	Begründung des Designs/Arbeitsplans	angemessen	☐☐☐☐☐	nicht angemessen
16	Stichprobe und Erhebung der Daten	angemessen	☐☐☐☐☐	nicht angemessen
17	Aufbereitung und Auswertung der Daten	angemessen	☐☐☐☐☐	nicht angemessen
18	Darstellung, Interpretation, Diskussion der Ergebnisse	angemessen	☐☐☐☐☐	nicht angemessen

K 11: Rückmeldebogen für eine schriftliche Arbeit (Fortsetzung)

Formaler wissenschaftlicher Anspruch des Themas			
19 Zitation	korrekt	☐☐☐☐☐	fehlerhaft
20 Literaturverzeichnis	korrekt	☐☐☐☐☐	fehlerhaft

Schreibstil			
21 verständlich (z.B. Satzbau)	angemessen	☐☐☐☐☐	nicht angemessen
22 anregend	angemessen	☐☐☐☐☐	nicht angemessen

Darstellung und Layout			
23 Umfang	angemessen	☐☐☐☐☐	nicht angemessen
24 Seitenlayout (z.B. Ränder, Seitenzahl)	angemessen	☐☐☐☐☐	nicht angemessen
25 Formatvorlage (z.B. Buchstabengröße, Zeilenabstand)	angemessen	☐☐☐☐☐	nicht angemessen

Weitere kriterienspezifische und allgemeine Hinweise

K 12: Aufbau einer wissenschaftlichen Arbeit (z. B. Hausarbeit)

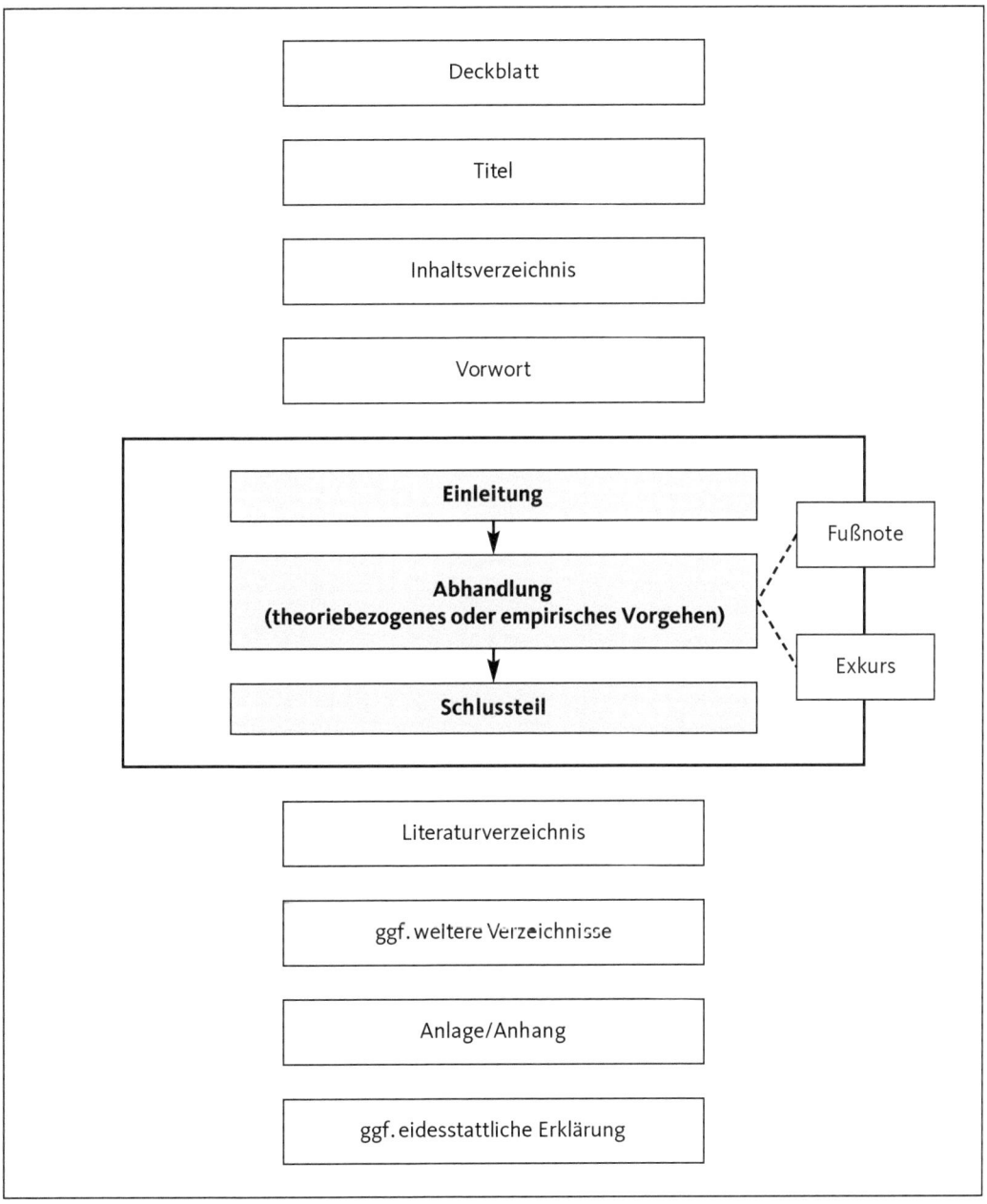

K 13: Seitenlayout für Hausarbeiten

Kopfzeile — Kopfzeile (10pt): hier Kapitelüberschrift, rechts Seitenzahl 5

oben: 2,5 cm

Überschrift 1

1 Ü1: 14pt, fett, eine freie Standardtextzeile danach, hängend, das ist Ü1

Standardtext — Standardtext: Dies ist der Standardtext mit folgenden Eigenschaften: 12pt, 1,5zeilig, Blocksatz. Der Standardtext wird für den normalen Textfluss verwendet. Er kann nach unten hin mit einem größeren Abstand versehen werden (z.B. 6pt) wenn dies inhaltlich sinnvoll ist, z.B. aufgrund eines neuen Gedankenganges. Dies ist also der Standardtext.

links: 3 cm — rechts: 3 cm

Überschrift 2

1.1 Ü2: 12pt, fett, zwei Freizeilen vorher, eine Freizeile danach, das ist Ü2

Standardtext — Hier kommt der Standardtext wieder. Nach oben hin, zur Überschrift Ü2 hat er eine Zeile Abstand. Nach unten hin, zur folgenden Aufzählung kann man einen kleineren Abstand einfügen, z.B. 3pt, dann setzt sich die Aufzählung auch optisch ab.

Aufzählung

- Aufzählung: Hier sollte man dezente Bullets verwenden.
- Aufzählung: Die Aufzählung »hängt«, dies kann über Format – Absatz – Extra eingestellt werden. »Hängt« heißt, der erste Buchstabe der ersten und der folgenden Zeilen beginnen auf derselben Höhe.
- Aufzählung: Nach dem letzten Spiegelstrich sollte man ein wenig Absatz lassen z.B. 6pt.

Standardtext — Nach der vorherigen Aufzählung kann man eine Zeile einfügen. Man kann jedoch auch ohne zusätzlichen Abstand weiterschreiben. Dies ist also der Standardtext. Den Standardtext definiert man sinnvollerweise mit den o.g. Eigenschaften über Format – Bearbeiten – etc. Dann muss man die Eigenschaften nicht jedes Mal aufs Neue festlegen. Nun kommt hier eine Fußnote[1], die hochgestellt ist und in der Fußzeile erläutert wird.

Standardtext — Da nun ein neuer Gedanke folgt, ist ein Abstand, also ein neuer Abschnitt sinnvoll. Ich möchte nun auf das folgende Blockzitat hinweisen. Das Blockzitat fällt optisch auf, es hat folgende Eigenschaft: 10pt, einzeilig, links und rechts eingerückt (ca. 1 cm), nach oben hin 3pt, nach unten hin 6pt.

Blockzitat

> Blockzitat: Achtung! Hier sind die Zitationsregeln wichtig! Blockzitat« (Block 2002, S.23)

Standardtext — Hier ist wieder der Standardtext, nach dem Blocksatz mit einem Abstand von 6pt.

Überschrift 3

Ü3: 12pt, kursiv, eine oder zwei Freizeilen vorher, eine danach

Standardtext — Standardtext: Die vorherige dritte Überschriftsebene wird i.d.R. nicht mehr nummeriert (zumindest nicht bei Hausarbeiten). Standardtext

---

Fußnote

1 Fußnote: Die Fußnote hat eine kleinere Schrift (10pt) und ist enger (einzeilig). Optisch entspricht sie damit der Größe des Blockzitats.

unten: 2,5 cm

K 14: Checkliste Referat

Diese Checkliste dient dem Referenten/der Referentin zur letzten Klärung vor Abschluss der Vorbereitungen.	
Raum und Medien	• Ist die Tisch- und Stuhlordnung angemessen? • Funktionieren die Geräte (Overhead, Beamer, Notebook)? • Sind die Materialien vorbereitet (Verlängerungskabel, Folien)? • Ist der Raum (einigermaßen) einladend (z.B. Tafel sauber)?
Durchführung	• Kann ich frühzeitig da sein (ruhige Vorbereitung)? • Ist mein Vortragsmanuskript sorgfältig vorbereitet? • Bei Gruppenreferat: Sind die notwendigen (inhaltlichen und organisatorischen) Absprachen getroffen? • Ist mein/unser Zeitplan realistisch (insb. teilnehmerorientierte Phasen)? Habe ich einen alternativen Verlauf eingeplant? • Beginnt das Referat (auch für mich) motivierend? • Ist gewährleistet, dass die Teilnehmer/innen die wesentlichen Inhalte verstehen? • Sind ausreichend aktive Phasen eingeplant, in denen die Teilnehmer/innen beteiligt sind? • In welchen Phasen kann ich selbst kurz nachdenken und den bisherigen Verlauf reflektieren? • Endet das Referat mit einem bewusst gesetzten Schluss?
Seminarskript (Handout)	• Alle wesentlichen Inhalte berücksichtigt? • Ist die Ausführlichkeit angemessen und einheitlich? • Sind notwendige methodische Hinweise enthalten (Übersicht über Ablauf, Fragen für Gruppenarbeit, Thesen)? • Ist das Layout überprüft (Überschriften, Ränder, Schriftgröße etc.)? • Sind Formalia aufgenommen (Kopfzeile, Gliederung, Literaturliste)? • Ist das Skript ästhetisch ansprechend und motivierend? • Ist das Skript in ausreichender Zahl kopiert? • Sind die Literaturangaben vollständig? • Sind direkte und indirekte Zitate kenntlich gemacht?
Inhaltliche Substanz	• Was ist der inhaltliche Kern, was sollen die Teilnehmer/innen unbedingt verstehen? • Ist sichergestellt, dass die Inhalte und nicht die Methoden im Vordergrund stehen? • An welchen Stellen bin ich fachlich sicher/eher unsicher? Wie gehe ich damit um? • Ist meine Argumentation klar forschungs- oder/und literaturbasiert, d.h. gründet sie klar auf dem Stand der Forschung?

K 15: Feedback-Bogen (Referat)

Seminar:	Datum:			
Name (Referent/in):	Thema:			
	+	o	–	Erläuterung (E) Beispiel (B) Verbesserungsvorschlag (V)
Inhalt				
• Fachliche Tiefe (z.B. analytische Schärfe, Begriffe)				
• Fachliche Breite (z.B. versch. Autoren)				
• ggfs. Verbindung von Theorie und Praxis				
• Verständliche Vermittlung des Inhalts				
Gestaltung				
• Struktur (z.B. Einstieg, Abschluss)				
• Medieneinsatz (z.B. sinnvoll, korrekt)				
• Sprache (z.B. verständlich)				
• Besondere Ideen				
• Körpersprache (z.B. Mimik, Gestik)				
Seminarpapier				
• Gestaltung (z.B. Layout, Ästhetik)				
• Quellenangaben (z.B. Literaturangaben)				
• Fachliche Qualität (z.B. korrekt, vollständig)				
Weitere Anmerkungen:				
Ort/Datum:	Unterschrift:			

K 16: Checkliste Protokoll

Schriftlicher Teil (i.d.R. zur Abgabe)	
Struktur	• Ist das Deckblatt vollständig (Veranstaltung, Thema etc.)? • Sind die Literatur- und Materialangaben vollständig? • Ist die Gliederung der Sitzung klar und detailliert?
Schriftliche Abhandlung	• Ist der inhaltliche Bezug zur vorherigen Sitzung erkennbar? • Ist das Thema bzw. die Ausgangsfrage oder -situation der Sitzung deutlich? • Ist der Ablauf der Sitzung vollständig dargestellt? • Wird der inhaltliche Schwerpunkt (oder mehrere Schwerpunkte) der Sitzung deutlich? • Ist die Systematik des Themas ausreichend dargestellt? • Ist der Schluss der Sitzung verdeutlicht (z.B. offene Fragen, abgerundeter Schluss, abruptes Ende?) • Welche Perspektiven können sich für die folgenden Sitzungen ergeben? • An welcher Stelle wird eine persönliche Einschätzung deutlich? • Welche inhaltlichen Aspekte wurden vertieft, die deutlich über das Sitzungsthema hinausgehen (z.B. bestimmte Begriffe, Klärung offener Fragen)?
Mündliche Vorstellung (i.d.R. 10-minütig in der folgenden Sitzung)	
Gestaltung	• Ist die Zeiteinteilung realistisch und den jeweiligen Teilthemen angemessen? • Sind die notwendigen Geräte (z.B. Beamer, Overheadprojektor) und Materialien (z.B. Handout) bereitgestellt?
Inhalt	• Wird der Ablauf der vorherigen Sitzung deutlich? • Sind die inhaltlichen Schwerpunkte des Sitzungsthemas bzw. ggf. darüber hinausführender Themen ausreichend vertieft? • Ist das Thema angemessen abgerundet (z.B. Perspektiven, Zusammenfassung)?

K 17: Deckblatt eines Portfolios

Hochschule:	
Fakultät/Institut/Fach:	Semester:
Lehrveranstaltung:	Dozent/in:
Immatrikulations-Nr.:	Gültige Prüfungsordnung:
Name, Vorname:	Semester:
Anschrift:	E-Mail:
Die folgenden Einzelarbeiten habe ich ausgewählt:	
1. Gesamteinschätzung der Lehrveranstaltung	
2.	
3.	
4.	
5.	
6.	
7.	
8.	
9.	
10.	
Datum:	Unterschrift Dozent/in:

K 18: Deckblatt einer Einzelarbeit eines Portfolios

Lehrveranstaltung:
Name, Vorname:
Datum:
Titel/Thema der Einzelarbeit:
Weshalb habe ich diese Einzelarbeit ausgewählt?

K 19: Gliederung eines mündlichen Prüfungsthemas (Beispiel 1)

Name, Vorname:
Datum:
Uhrzeit:
Prüfungskommission:
Studiengang:
Prüfungsordnung:

Schwerpunktthema: Umgang mit Heterogenität im Unterricht

1. Historische Einordnung
   - Homogenität und Heterogenität als Aspekt der Geschichte der Schule
   - Beispiel: Reformpädagogik

2. Begriffsklärungen
   - »Umgang mit ...« – kritische Analyse
   - »Heterogenität«: Definition und Merkmale (nach Autor Z., Autorin K.)

3. Bezugstheorien
   - gesellschaftstheoretisch
   - bildungstheoretisch
   - schul- und unterrichtstheoretisch

4. Empirische Studien
   - Ebene Gesellschaft
   - Ebene Schulsystem
   - Ebene Einzelschule
   - Ebene Unterricht
   - Ebene Professionalität von Lehrkräften

5. Aspekte der forschungsbasierten Gestaltung von Schule und Unterricht
   - Schulqualität und Schulentwicklung
   - Kooperation von Lehrkräften
   - Unterrichtsqualität und Unterrichtsentwicklung
   - Grundlegende Konzeptionen zum Umgang mit Heterogenität
   - Differenzierung und Individualisierung
   - Lernumgebung
   - Leistungsbeurteilung

6. Unterrichtsbeispiele
   - Konzeption der Schule XY

7. Diskussion und Perspektiven
   - Chancen und Grenzen
   - Perspektiven mit Blick auf Ebenen des Bildungssystems

Literaturhinweise

1 Monografie
1 Sammelband (ausgewählte Kapitel)
3 Zeitschriftenartikel

K 20: Gliederung eines mündlichen Prüfungsthemas (Beispiel 2)

Name, Vorname:
Datum:
Uhrzeit:
Prüfungskommission:
Studiengang:
Prüfungsordnung:

Schwerpunktthema: Maria Montessori

1. Biografie
   - Kindheit und Jugend
   - berufliches Wirken
   - Werke
   - Wirken in zeitgenössischer Betrachtung

2. Theoretische Grundlagen
   - Anthropologie oder Theologie?
   - kosmische Erziehung
   - der absorbierende Geist
   - sensible Phasen
   - Polarisation der Aufmerksamkeit
   - ganzheitliches Lernen

3. Methodisch-didaktische Aspekte
   - vorbereiteteUmgebung
   - Selbstständigkeit
   - Rolle des Lehrers
   - Material
   - Lehrerrolle

4. Montessorischulen
   - Netzwerk und Verbreitung
   - Bericht aus einer Montessori-Schule
   - Qualifizierung: Montessori-Diplom

5. Zuraktuellen Situation
   - Untersuchungsergebnisse zur Wirksamkeit des Ansatzes
   - neuere historiografische Befunde
   - Kritik und Zustimmung

6. Ausblick:zukünftige Bedeutung

Literaturhinweise

1 Sammelband Primärliteratur
1 Sammelband Sekundärliteratur
2 weitere Zeitschriftenartikel und/oder Einzelkapitel

K 21: Gliederung eines mündlichen Prüfungsthemas (Beispiel 3)

Name, Vorname:
Datum:
Uhrzeit:
Prüfungskommission:
Studiengang:
Prüfungsordnung:

Schwerpunktthema: Methoden quantitativer Sozialforschung am Beispiel der Regressionsanalyse

1. Wissenschaftstheoretische Grundlagen quantitativer Sozialforschung
   - Kritischer Rationalismus und seine Weiterentwicklungen
   - Deduktiv-nomologische Modell
   - Induktiv-nomologische Modell

2. Gütekriterien quantitativer Sozialforschung

3. Zum Verhältnis von qualitativer und quantitativer empirischer Forschung
   - Gemeinsamkeiten
   - Unterschiede
   - Möglichkeiten der Verbindung, Triangulation und Mixed-Methods-Designs

4. Beschreibung eines verwendeten Datensatzes (Minimal- oder Realbeispiel)

5. Die Regressionsanalyse
   - Populationsmodell
   - Schätzung der Parameter
   - Inferenzstatistik
   - Effektstärkemaße

6. Trickkiste
   - (Teil-)Standardisierung
   - Kodierungen nicht-metrischer Prädiktoren
   - Moderationsmodelle

7. Ausgewählte Diskussionsaspekte
   - Regression und Kausalität
   - Typische Verletzungen der Annahmen (Inferenzstatistik)

Literaturhinweise

1 Monografie
2 Buchkapitel
2 Zeitschriftenartikel

K 22: Gliederung eines mündlichen Prüfungsthemas (Beispiel 4)

Name, Vorname:
Datum:
Uhrzeit:
Prüfungskommission:
Studiengang:
Prüfungsordnung:

Schwerpunktthema: Methoden qualitativer Sozialforschung am Beispiel des Interviews

1. Grundlagen qualitativer Sozialforschung
   - wissenschaftstheoretische Einordnung
   - methodologische Einordnung
2. Gütekriterien qualitativer Sozialforschung
3. Zum Verhältnis von qualitativer und quantitativer empirischer Forschung
   - Gemeinsamkeiten
   - Unterschiede
   - Möglichkeiten der Verbindung, Triangulation und Mixed-Methods-Designs
4. Beschreibung eines verwendeten Datensatzes bzw. eines konkreten Beispiels
5. Das Interview: grundlegende Aspekte
   - Begriff und Abgrenzung
   - Variationen
6. Design
   - mögliche Zugänge und Verfahren
   - Auswahl der Population
   - Ablaufplan
7. Datenerhebung
   - Organisation
   - Leitfaden
   - Verbindung Theorie-Empirie
   - Ablauf
8. Arbeit mit Daten
   - Datenaufbereitung
   - Datenauswertung
   - Dateninterpretation

11. Ausgewählte Diskussionsaspekte
    - Verwendung von Software
    - Entscheidungen und Veränderungen im Prozess
    - Datenschutz und ethische Aspekte

12. Chancen und Grenzen des Interviews

Literaturhinweise

1 Monografie
2 Buchkapitel
2 Zeitschriftenartikel

K 23: Gliederung eines mündlichen Prüfungsthemas (Beispiel 5)

Name, Vorname:
Datum:
Uhrzeit:
Prüfungskommission:
Studiengang:
Prüfungsordnung:

Schwerpunktthema: Zweigliedrigkeit im deutschen Schulsystem

1. Historische Bezüge
   - Ratke/Comenius: erste Entwicklungslinien
   - zur Geschichte des Gymnasiums
   - zur Geschichte der Realschule
   - zur Geschichte der Hauptschule
   - zur Geschichte der Gesamtschule

2. Schulsysteme: nationale und internationale Perspektiven
   Rückblicke: Kultusministerkonferenz 1949 und 1953; Deutscher Ausschuss für das Erziehungs- und Bildungswesen 1959; Hamburger Abkommen 1964
   - derzeitiges Schulsystem in 16 Bundesländern: Systematik, Analyse
   - internationale Entwicklungen

3. Zweigliedrigkeit: theoretische Begründung
   - gesellschaftliche Entwicklungen
   - pädagogische Begründung

4. Zweigliedrigkeit: Empirische Befunde und Analysen
   - Ausgewählte Studien zu zentralen Begriffen empirischer Schulforschung; Lernmilieu, Scherenef-fekt, Referenzgruppeneffekt ...
   - Ausgewählte Studien zu Effekten und Folgen unterschiedlicher Schulsysteme
   - Ausgewählte Studien zur Zweigliedrigkeit

5. Diskussion und Perspektiven
   - Chancen und Problemfelder der Zweigliedrigkeit
   - wissenschaftliche Erkenntnisse und bildungspolitische Entscheidungen
   - langfristig mögliche Entwicklungen

Literaturhinweise
2 Sammelbände
5 Artikel Zeitschriftenartikel